AF814614

तरसेम गुजराल बहुमुखी प्रतिभा संपन्न कथाकार हैं। उनकी रचनाएं जनाभिमुख व्याकरण रचने वाली रचनाएं हैं। व्यंग्य लिखना मुश्किल कर्म है। तरसेम गुजराल का व्यंग्य निर्मम है परंतु जीवन-यथार्थ को व्यक्त करने वाली गरिमा से भरपूर है। उनकी व्यंग्यात्मक टिप्पणियां रचनात्मक के आधार पर निर्मित हैं इसलिए व्यंग्य के संदर्भ और सरोकार बड़े होते हैं। उनके बारे में पहले ही कहा गया है कि जिंदगी के नजदीक होकर उसके लील लिए जाने वाले भंवरों में उतरने का साहस उनमें है। इस संग्रह में इस बात की थाह आसानी से मिल जाती है।

डंके की चोट पर शराफत

तरसेम गुजराल

डायमंड बुक्स

ISBN : 81-288-1524-5

प्रकाशक	:	**डायमंड पॉकेट बुक्स (प्रा.) लि.** X-30, ओखला इंडस्ट्रियल एरिया, फेज-II नई दिल्ली-110020
फोन	:	011-41611861
फैक्स	:	011-41611866
ई-मेल	:	sales@diamondpublication.com
वेबसाइट	:	www.dpb.in
संस्करण	:	2007
मुद्रक	:	आदर्श प्रिंटर्स, शाहदरा, दिल्ली - 32

DANKE KI CHOT PER SHARAPHAT

By- Tarsem Gujral

अनिरुद्ध
की स्मृति को
जो किसी भी क्षण
पीड़ा से भर देती है।

आभार
प्रेम जनमेजय, कुंवरपाल सिंह, रीटा बावा
मोहन सपरा और यकम

व्यंग्य के साथ मेरा रिश्ता

अनिरुद्ध (18½साल) मुझसे सदा के लिए बिछुड़ चुके थे। हमारी ग्रेट एक्सपेक्टेशन्ज धूल में सिर के बल गिरीं। मैं महीनों उठ नहीं पाया। एक-एक सांस बोझ हो गई। पढ़ना-लिखना एक तरफ रह गया। रात-दिन सीने में हूक-सी उठती। कासमी का शेर सुना था—

रात को तारों से दिन को जर्रा-हरा-खाक़ से।
कौन है जिससे नहीं सुनते तेरा अफसाना हम॥

निर्मम क्रूर डरावनी मौत ने हमारा सभी कुछ हर लिया था। हर वक्त उनकी स्मृतियां कर्मशीलता और सपने डाली से झरे पत्तों की तरह हवा में रक्स करते रहते। इस तबाही में मुझे कुछ सूझ नहीं रहा था। मेरे सामने थीं उनकी कविताएं। मैं उन्हें लोगों के सामने रखना चाहता था, क्योंकि वह लोगों की थाती थी। परंतु इसके लिए भी हिम्मत नहीं बटोर पा रहा था। मैं कलम उठाता, आंखों से आंसू बहने लगते। मैं दर्द की धारा के उलट तैरकर पानी पार करता है। मेरा एक बाजू उखड़ गया था और अब ज्यादा बोझ उठाने की जरूरत थी। धारा के उलटे तैरकर जाने के लिए ज्यादा हिम्मत और पूरा साहस चाहिए। पूरी ताकत बटोरनी होगी इसके लिए। मैंने सोचा कि दर्द और वेदना लिखूंगा तो बहता चला जाऊंगा, लिख नहीं पाऊंगा। लिखे बिना मुझे दुहरी मौत मरना पड़ता। एक जवान बेटे की मौत, जिसे अग्नि देते-देते आप झील से गीले लट्ठ की तरह जलते रहते हो, दूसरे आपके उस हिस्से की मौत जिसे आपने अपने जीवन का संपूर्ण और सर्वोत्तम देने की कोशिश की हो।

बहुत बारिशों में गली के एक साधारण-से आदमी का घर टूट गया था। वह बारिश थमते ही बची हुई लकड़ी, बची हुई ईंटे मलबे से निकाल-निकालकर अलग करने लगा। किसी ने कहा—तुम्हारा तो पूरा घर तबाह हो गया।

—हां, हो गया।

—क्या करोगे अब?

—जो कुछ बच गया है, पहले उसे बचाऊंगा।

उन तबाह दिनों में मुझे जाने कैसे उसकी बात याद आ गई। जो कुछ बच गया है, उसे बचाना चाहिए। रात गुजरने वाली थी। वह अमृत बेला थी। मैंने जाकर सो रही बेटी शिल्पा को देखा। उसका कम्बल ठीक किया। वह जाग गई। मेरी गोद में सिर रखकर रोने लगी—पापा, वीर। उसके मुंह से इतना ही निकला।

कविता भी कहां सो रही थीं। आकर कहा—इसकी पढ़ाई, इसकी शादी की चिंता भी आपको करनी है। रो वह भी रही थीं। जो कुछ बचा है उसे बचाने के लिए धारा के विरुद्ध तैरना शुरू किया, जबकि मैं तैराक भी नहीं था।

मैंने व्यंग्य लिखना शुरू किया। कलाकार के तौर पर चेखव मुझे पसंद था। उसे पढ़ते हुए भी उसका कथन नज़र आया—जो दुःखी होता है हास्य और व्यंग्य लिखता है। जो सुखी होता है दुःख का साहित्य लिखता है।

कुछ समय पहले मुझे एक साप्ताहिक अखबार के संपादक से ऑफर हुई थी कि मैं नियमित रूप से उनके लिए व्यंग्य लिखूं। वह इसके लिए मेहनताना देने को तैयार थे। उन दिनों मैं 'जलता हुआ गुलाब' उपन्यास लिख रहा था। मैंने जबाव दिया—मैं पैसों के लिए नहीं लिखता। जेब में पैसा था नहीं। जो मिल सकता था, उसे ठुकरा रहे थे। ज्यादा काम लघु पत्रिकाओं में ही किया था। वहां से पैसा नहीं आता था। फिर यह जवाब अपनी स्थिति पर व्यंग्य लगा। शहीदाना मुद्रा में जवाब देकर संवाद तोड़ दिया—बिना यह सोचे कि इसके जरिए पाठकों के एक नये वर्ग तक बात पहुंच सकती थी।

उन्होंने आगे पूछा नहीं, पूछते तो एक और जवाब तैयार था—मैं सांस्कृतिक कार्य कर रहा हूं। लोकप्रियता का सस्ता प्रलोभन मुझे छू भी नहीं सकता।

परंतु परिस्थितियां विकट हो रही थीं। कलाकृतियां बाजार व्यवस्था में 'माल' की शक्ल अख्तियार कर रही थीं। लोग वक्त काटने के लिए दोस्तों और किताबों की जगह विज्ञापनों, साप्ताहिक भविष्य और टी.वी. की आधी नग्न नाचती बालाओं की बनती तुच्छ होती छवियों पर भरोसा करने लगे थे। विज्ञापनों का मसौदा औरत की देह पर लिखा जा रहा था और सौंदर्य प्रतियोगिताएं उनकी देह की पैमाइश को खुलेआम प्रचारित कर रही थीं।

देश का एलीट वर्ग अंग्रेजी में पढ़ता है, अंग्रेजी में सोचता है। हिंदी की रोटी खाने वाले फिल्मों के नायक-नायिकाएं साक्षात्कार देते समय हिंदी का एक शब्द बोलना पसंद नहीं करते। एक अभिनेत्री से जब पूछा गया कि क्या उन्होंने प्रेमचंद

को पढ़ा है? उनका जवाब था—हू इज प्रेमचंद? एलीट वर्ग भारत के रहन-सहन, खान-पान, विचार-दर्शन सभी कुछ को तुच्छ मानता है। वे कह रहे हैं कि भारतीयों में सेंस ऑफ ह्यूमर नाम की कोई चीज़ नहीं। उनकी दृष्टि का मतलब है कि हिंदी बोलने-पढ़ने वाले लोग निम्न स्तर के हैं, इसलिए उनका सभी कुछ निम्न स्तर का ही होगा। उन्होंने तो मध्यकाल की भक्ति को भी क्राइस्ट से जोड़कर देखा है और भारत को सांपों का खेल या जादू दिखाने वालों का देश मानने से ज्यादा कभी माना नहीं, जबकि भारतीय समाज में ऊर्जा, साहस, गरिमा, प्रतिभा की कोई कमी नहीं। यहां व्यंग्य की विनोद-ठिठोली की दीर्घ परंपरा रही है। भारत के पुराने नाटकों में व्यंग्य और हास्य की ऐसी सुनिश्चित परंपरा है कि आप चकित रह जाएंगे। देवर-भाभी, साली-जीजा के रिश्ते में बुनियादी रूप में व्यंग्य, हंसी और ठिठोली भी एलीट वर्ग को नजर नहीं आई। इससे ज्यादा आंख मूंदने और परंपराविच्छिन्न करने का और उदाहरण क्या हो सकता है?

व्यंग्य का उभार तभी होता है जब समाज के विकास और गति की दिशा सामाजिक विकृतिगों तथा कुरूपता की ओर जाती है। आज सभी विधाओं में व्यंग्य का स्वर तीखा हो रहा है। हमें अपनी स्थिति की भयावहता का सीधा एहसास करवाता है। चेखव की कहानियों का व्यंग्य उस जमाने की विकृतियों और कुरूपता का अनायास ही एहसास करवा जाता है। चेखव अपनी शैली के उस्ताद हैं। 'गिरगिट' की शैली देखें। वह अपने आस पास किसी को नहीं बख्शते—

'पुलिस का दारोगा ओच्रमेलोव अपना नया ओवरकोट पहने, बगल में एक बंडल दबाए बाज़ार से गुज़र रहा था। उसके पीछे पीछे लाल बालों वाला पुलिस का एक सिपाही हाथ में एक टोकरी लिए लपका हुआ चला आ रहा था। टोकरी ऊपर तक बेरों से भरी हुई थी, जिन्हें उन्होंने उसी वक्त जब्त किया था।'

एक आम घटने वाली घटना कि एक कुत्ते ने एक आदमी की उंगली पर काट लिया। उसने पुलिस से गुजारिश की कि उसे हरजाना दिलवाया जाए। फिर उस कुत्ते को लेकर सामाजिक स्थितियों के अनुरूप पुलिस किस तरह रंग बदलती है, यह कमाल चेखव की कलम से देखते ही बनता है। अगर वह आवारा कुत्ता है तो उसे मार डालने में कोई गुनाह नहीं, परंतु अगर वह जनरल साहब के भाई का कुत्ता है तब वह बहुत प्यारा नन्हा-मुन्ना सा कुत्ता है।

संवेदनहीनता समाज का सबसे बड़ा खतरा है। जब अपने आस-पास से आदमी आंखें मूंदकर जीने लगे, जब रोज़ की भयानक खबरें उसे एक आम

साधारण-सी रुटीन की बात लगने लगे। जब कोई इस आतंकभरे असुरक्षित माहौल में सहज ज़िंदगी की तरह खाता-पीता रहे, मस्त रहे। ताकत कम हो, लक्ष्य दूर हो और आप रोज हार रहे हों, समझिए कि आप दलदल में हों, यह और बात है। परंतु आप सोच नहीं पा रहे, बोल नहीं पा रहे, दोस्तों के बीच चर्चा नहीं कर पा रहे, यह बहुत भयानक है। भयानक है, जब व्यंग्य व्यंग्य न लगे, सहज जीवन ही लगे।

अनुक्रम

बोन्साई

अजीब परेशानी में डाल दिया इस लड़के ने। अच्छे-भले बोन्साई पेड़ उगा रहा था। राजनीति में हमें शुरू से तमाम बड़े-बड़े परेशान करते रहे। हमने सोचा कि यह लड़का बड़े पेड़ों का छोटा रूप तैयार करने में माहिर हो जाएगा तो आगे जाकर कोई समस्या नहीं होगी। पेड़ की जड़ जमीन के नीचे अंधेरे में फैलती है, यह बात भी सीखने की थी परंतु बोन्साई पेड़ों में जो जड़ों को काटते रहने और लंबे समय तक जिंदा रखने की कला सीख लेने की बात है, उसका तो जवाब नहीं।

क्योंकि हमारे यहां बहुमुखी विकास योजनाओं का रिवाज है, लिहाज़ा हमने पप्पू की इस हॉबी में कई तालों की चाबी देखी। एक तो यह कि बंगले की बाल्कनी और बरामदा छिछले पात्रों में निकले सुंदर और आकर्षक पौधों में टहक उठेगा, दूसरे पर्यावरण पर जो दो लाख का पुरस्कार राज्य सरकार आरंभ करने जा रही है, मुख्यमंत्री से कहकर पप्पू जी को दिलवा दिया जाएगा। देश की सभी पत्रिकाओं में तस्वीरें छपेंगी, दूरदर्शन में इंटरव्यू आएगा तो ज़रा चर्चा में रहेगा। तीसरे कल को पप्पू जी के पौधे कुवैत जैसे देशों को निर्यात किए जा सकेंगे। पप्पू जी का एकाउंट स्विट्ज़रलैंड के गुप्त खातों में खुलवा दिया जाएगा।...परंतु उसने सारा गुड़ गोबर कर दिया। हमारे स्वप्निल सौंदर्य-संसार को विस्तार देते-देते कमबख्त दलदल में जा उतरा।

उस समय हम अपने वातानुकूलित कक्ष में नरम-नरम गद्दों पर आराम फरमा रहे थे कि पत्रकारों के गिरोह ने धावा बोल दिया। साथ थी सोलह-सत्रह वर्षीया भानमती और उसकी नवजात पुत्री। साथ ही खूंखार दिखने वाला भानमती का चाचा।...हम समझ गए कि यह भीड़ टलने वाली नहीं।

—आप जानते हैं यह कौन है?

—नहीं! परंतु कौन है यह भाग्यशाली बालिका?

—लो, सुन लो, जी। इनको नहीं पता! लड़की के चाचा ने कहा।

—आपको पता ही है, नेता जी देश के विकास कार्यों में इस तरह व्यस्त हैं...। पी.ए. ने, जिसके रोके भीड़ रुक नहीं पाई थी, खिसियाना-सा होकर कहा।

—चुप बे, चमचे! हमें सीधे बात करने दो।

—यह आपके माली जगन्नाथ की लड़की है। एक पत्रकार ने कहा।

—बड़ी अच्छी बच्ची है, क्या कष्ट है इसको?

—जरा गौर से देखें, इसकी गोद में भी एक बच्ची है।

—हमारे देश में देवियों के सम्मान की गौरवमयी परंपरा रही है।

—यह 'गौरवमयी परंपरा' आपकी पोती है।

अब तो हिमालय के शिखर से सीधे हिंद महासागर में जा गिरने की स्थिति थी।

जी चाहा था कि जहां कहीं भी मूर्ख पप्पू हो, उसे उसके लंबे बालों से पकड़कर खींच लाएं। उसके पर्याप्त गधा होने में हमें कोई कमी नजर न आई। इसी की उम्र के रहे होंगे हम जब सौंदर्य प्रतियोगिता के लिए आई हुई एक कन्या हॉस्टल से उठवा ली थी। किसी को कानोंकान खबर नहीं हुई थी। अगले दिन युवकों के नैतिक उत्थान पर भाषण देकर ट्राफी भी जीत लाए थे।

दिन के तारे देखने से खुद को संभालकर युक्ति से काम लेना चाहा। ऐसे में हमारे पास पेचीदा उलझनों से निकलने का एक ही बहाना होता है—पड़ोसी देश की साजिश। कभी कहीं लगे कि यह नहीं चलने वाला तो विपक्ष की चाल के कंधे डालकर बरी हो जाते। लिहाजा मैंने कहा—यह विपक्ष का किया-धरा है। मैं इन बातों में नहीं आने वाला।

—अच्छा, विपक्ष ने आपके बेटे को कहा कि गरीबों की इज्जत से खेले? एक पत्रकार ने कहा।

—हमारे साथ राजनीति नहीं करने का, ओ नेता...!

—जनता को बहुत नाच नचाया, झूठे सपने दिखा-दिखाकर। आज यहां जनता के बीच ही तुम्हारा इंसाफ होगा। अब लगा कि मामला ज़रूरत से ज्यादा गंभीर है। लोग हैं कि पूरी तैयारी के साथ हल्ला बोल रहे हैं।

मैं हमेशा उड़ती चिड़िया पहचानने और लिफ़ाफ़ा देखकर मजमून पढ़ने में माहिर रहा हूं। पिछली बार जब साथवाले राज्य में हमारी पार्टी सरकार बनाने के मामले में उन्नीस साबित हो रही थी और उधर मज़दूरों-किसानों की हमदर्दी का

पता चलाकर समाजवादी भोंपू बजने वाला था तो मैंने किस तरह सोए हुए पार्टी-प्रधान को उठाकर बीस-बीस लाख में पांच 'स्वतंत्र' खरीदवा दिए थे। मैंने कहा था, जनाब स्वतंत्र तो आजकल होते ही खरीदे जाने के लिए हैं....। उधर उन लड़कों को जाकर समझाया था—'बेवकूफो, जीत ही गए हो तो पहले अपना कुछ संवार लो...सारा ज़माना लाल झंडा कोट की भीतरी जेब में रखकर व्यक्तिगत मुनाफे पर लगा है...कुछ पा जाओगे और कल अपने चमचों को एक-एक साइकिल ही ले दोगे तो तुम्हारा प्रभाव बना रहेगा।...फिर सरकार बनवा...सरकार में रहकर समाज कल्याण ही तो करोगे नहीं तो सड़कों पर मार्च निकालते रह जाओगे...क्योंकि अपनी सरकार न बनी तो विपक्ष की सरकार गिराते हमें समय ही कितना लगता है....

पार्टी-प्रधान मान गए थे हमारी सूंघने की पॉवर को। केंद्र से भी अच्छी शतरंज खेलने पर बधाई भरे फ़ोन आए थे।...परंतु इस बार ये लोग हमारे भी बाप निकले। सालों ने भनक तक न लगने दी...और पूरी तैयारी के साथ धावा बोल दिया। एक दिन भी पहले पता चल गया होता तो सड़क पार करती किसी मांली की बेटी के ट्रक के नीचे आने में देर ही कितनी लगती है। अस्पताल में प्रसव के समय कितनी महिलाओं के प्राण चले जाते हैं। रेल की पटरियों पर, नदी के पुल से गिरकर कई लड़कियां मर चुकी हैं—न धकेलने वालों की कोई फोटो अखबार में छपती है और न कटकर मरने वाली की कोई सूचना।

—नेता जी बड़े ही न्याय-प्रिय आदमी है। आप विश्वास करें सभी कुछ ठीक हो जाएगा। पी.ए. ने फिर गर्दन निकालकर कहा।

—तुम्हें कहा था न बीच में नहीं बोलना। अपन सीधी बात होने कू मांगता...

'कहां फंसवा दिया पप्पू जी ने? बोन्साई उगाते उगाते इस माली की बेटी के लगाए कैक्टस में जा गिरे...।' हमने सोचा। हमारी नज़र में पप्पू एक लड़की की इज्जत खराब करने के लिए दोषी नहीं थे। दोषी इसलिए थे कि बाद में इस तरह बेखबर और मदमस्त क्यों रहे? अपने किए-धरे को ठीक से निपटाया क्यों नहीं? मुझे समाज में चौर्य कर्म बुरा नहीं लगता, बुरा लगता है छोटी-छोटी भूलों की वजह से पकड़े जाना और जूते खाना। अचानक मुझे लगा कि कहीं पप्पू भी इस सबमें शामिल तो नहीं? नहीं-नहीं, ऐसा कैसे हो सकता है? आखिर तो वह मेरा ही बेटा है। मेरी तरह निर्भीक और स्वतंत्रता के प्रति प्रतिबद्ध। जनता के विश्वास को बनाए रखनेवाला। छोटी-छोटी अल्हड़ कमजोरियां उसे बांधकर रख नहीं सकतीं। वासना के पंक में पंकिल हो जाना एक बात है। बाद में बिलकुल

अलग हट जाना दूसरी। यानी लिप्त होकर र्निलिप्त हो जाना।

—आने दो पप्पू जी को, देखना कैसे सीधा करता हूं।

—उसको सीधा करने से इनका बिगड़ा भाग्य तो नहीं बननेवाला। एक पत्रकार ने आक्रामक होते हुए कहा।

अपने आपको इस तरह घिरे हुए और निहत्थे पाकर हमें मुसीबत ज्यादा विकट नज़र आई। इसे पुलिस बल या अपने गुंडों से खदेड़ा जा सकता था, यदि साथ में पत्रकारों का वह टोला न होता।

किसी ने मुझे बताया था कि एक वैज्ञानिक, शायद आर्कमिडिज, बिलकुल मुफ्त में मारे गए थे। हुआ यह था कि वह एक गली में चाक से कुछ रेखाएं खींच रहे थे। उधर से एक सैनिक अपनी मस्ती में आया और उन रेखाओं को रौंदता हुआ चला गया। वैज्ञानिक ने उसे गले से पकड़ लिया। कहा—मेरी घंटों की मेहनत पर तुमने पानी फेर दिया। तुम आदमी हो या पाजामा?

सैनिक से इस तरह बात जनता में से कोई नहीं कर सकता था। उसने तलवार निकाली और वैज्ञानिक की गर्दन उड़ा दी। लगा कि इस तरह घिरे रहकर हम भी बेमौत मारे जाएंगे। हमारे लिए राजनैतिक मृत्यु शरीर की मृत्यु से कहीं बढ़कर होती है। लिहाजा इमेज बचाना उस वक्त हमें बहुत जरूरी लगा नहीं तो तमाम चप्परकनातिए पत्रकार हमारी छवि को किसी लायक नहीं रहने देते।

आखिर कब तक हम बापू के गूंगे बंदर बने रहते? आखिर हमने कहा—आप लोग इतने दावे से यह बात कह रहे हैं तो बिना किसी प्रणाम के तो बात करेंगे नहीं!

हमने बताया न कि वे लोग पूरी तैयारी के साथ आए थे। कमबख्तों ने एक मिनट भी नहीं लगाया और कई तस्वीरें पप्पू और माली की कुलच्छनी पुत्री की हमारे सामने फेंक दीं।

—आप इस अबला की ओर तो देखें।

—किसने कहा अबला इसे? भारतीय नारी अब अबला नहीं है। हमने सदा स्त्री जाति के समानाधिकार के लिए संघर्ष किया है। अबला-अबला कहकर आप इसका अपमान कर रहे हैं। शर्म आनी चाहिए आप जैसे हितैषियों को जो सहानुभूति दिखाते-दिखाते अपाहिज बना देते हैं। किसी भी देश, संस्कृति और समाज का तब तक विकास नहीं हो सकता जब तक स्त्री जाति को सम्मान से नहीं देखा जाता।

फिर क्या था! हमारे कंठ से भाषण की अजस्र धारा बहने लगी। उस धारा

ने सभी को भिगो दिया।

तब हम आगे बढ़े। गेंद हमारे पाले में थी। यही वह क्षण था जब हम गोल कर सकते थे। ऐसा गोल जो मैराडोना भी नहीं कर सके। (कदाचित यह उनका कार्यक्षेत्र भी नहीं था।)

आवाज को अंतिम डिग्री तक मार्मिक बनाकर हमने कहा—पप्पू जी और इस बिटिया ने बात को हमसे गुप्त रखकर कैसा बड़ा अपराध करवा दिया। आज भी पता न चलता तो हमारी अंतरात्मा कैसे बोझ के तले दबी रहती।

'ढाई हजार का खरचा समझें।' उसने दो को अढ़ाई करते हुए कहा।

हमने नेहरू बास्केट की जेब में हाथ डाला। पांच-पांच सौ के दस नोट गिनकर आगे बढ़ाते हुए कहा—पांच हजार रखें। टॉनिक बादाम-सादाम भी लाएं। कितनी कमजोर हो गई है बेचारी।

—ऐसा है पत्रकार भाइयो! आप लोग हैं अंधेरे के सागर के प्रकाश स्तंभ! हमारा पग रसातल में चला जाता, इससे पहले आपने बचा लिया। इस मिलन की दावत आपको बुलाकर फिर कभी देंगे।...भानमती की उम्र है अभी सोलह-सत्रह वर्ष। हमने राष्ट्रीय अभियान चला रखा है कि कच्ची मिट्टी की मटकी टूट जाती है। आपने खुद ही टी.वी. में देखा होगा। भानमती की जब तक पत्नी बनने की उम्र नहीं हो जाती, यह रहेगी अपने चाचा के पास। खर्च सारा हम उठाएंगे...क्यों चाचा, रखेंगे न बिटिया को?

—हां।

—एक अच्छी-सी चितकबरी गैया खरीद लीजे। धन हम भिजवा देंगे ताकि बिटिया की ठीक से परवरिश हो सके।

—हमने कहा था न, नेता जी बड़े न्यायप्रिय हैं। पी.ए. ने पुनः आगे बढ़कर कहा।

अब उसे खदेड़ने वालों की जुबान बंद थी।

—इन बंधु-बांधवों के लिए नाश्ते-पानी की व्यवस्था करो, भाई! हमने पी.ए. से कहा।

जब सभी लोग आपस में खुसुर-पुसुर कर रहे थे। हमने वहां से निकल जाना पसंद किया। जाते-जाते कन्या के चाचा से धीमे से कहा—बाल्टी जब तक कुएं में डूबी रहे, हल्की नजर आती है।

वह समझने की कोशिश करता रहा और हम बाहर आ गए। बरामदे में बोन्साई पौधे खिलखिला रहे थे।

सफलता की मिठाई-शिठाई

बलवीर बाबू को नौकरी करते हुए पांच साल हो गए थे परंतु अब भी भले आदमी ही थे। लिहाज़ा सुबह नौ बजे से काम शुरू करते शाम को कब पांच बज जाते, पता ही न चलता। फिर एक-दो फाइलें साइकिल पर रखकर घर भी ले जाते। बच्चे चित्रहार देख रहे होते, वह अपनी हार का चित्र बनाते रहते। दफ्तर की कई परियोजनाएं उनकी मेहनत के बल पर सफल हो चुकी थीं। परंतु अपनी परी-जैसी बीबी उदास तुलसी जैसी हो गई थी और बच्चियों की अच्छी शिक्षा के नाम पर कोई योजना उनके पास न थी।

उनके कुछ सफल मित्र बिल्लियों के गले में घंटियां पहले ही बांध चुके थे परंतु (साइकिल को छोड़कर) कानों में हर वक्त साहब के कमरे में खतरे की घंटी सुनाई देती।

उनके प्रिय मित्र जोकि दफ्तर की जगह साहब के व्यक्तिगत कामों में ही दिलचस्पी लेते थे, अब बड़े मानवतावादी हो गए थे। दफ्तर की महिला सदस्यों के प्रति तो उनके हृदय में इतनी उदारता थी, जितनी अमेरिका की किसी गरीब मुल्क को हथियार बेचते हुए भी नहीं होगी। एक महिला कर्मचारी का कार्यभार पहले ही बलवीर बाबू देख रहे थे।

बलवीर बाबू स्कूल-कॉलेज के दिनों में भी बड़े परिश्रमी विद्यार्थी थे। परंतु उनके सफल मित्र के अंक उनसे भी ज्यादा थे। एक दिन साहस कर बलबीर बाबू ने उनसे पूछ ही लिया—

—क्या आप पढ़ाई बहुत लग्न से करते हैं? स्कूल में हमारे मास्टर हुक्का पीते थे, मैं उनके लिए हुक्का भरकर लाता था। शाम को उनके पास ही ट्यूशन रखवा दी बड़े पापा ने। शाम को हम उनकी पत्नी के लिए बाजार से सब्जी लाने चले जाते। जब पर्चा बनता, मास्टरनी जी चुपके से हमें दिखा देतीं। हम पहले या दूसरे नंबर के अंक लेकर पास होते।

—लेकिन कॉलेज?

—यहां हम प्रोफेसर साहब की बेटी की परीक्षा में पर्चियां पहुंचाते रहे।

—लेकिन यहां मास्टरनी आपको पेपर तो नहीं दिखा सकती थीं।

—हां, यह बात तो ठीक है।

—बलवीर बाबू, आपने इतना पढ़कर कौन-सा कद्दू में तीर मार लिया। नंबर तो मेरे ही ज्यादा हैं।

—परंतु आए तो नकल से ही।

—मेरे सर्टिफिकेट पर लिखा है क्या कि नकल से आए या अकल से?

—हां, यह बात तो ठीक हे।

—और ठीक बात अगर आपको समझ आ गई होती तो आप बलवीर न होते?

बलवीर को ऐसा लगा कि जैसे किसी फाइल पर उनकी मोटे चश्मे में छिपी आंखों वाला चेहरा बनाकर काटने का निशान लगा दिया हो।

—क्या होता मैं? उन्होंने बड़ी उत्सुकता से पूछा।

—आप बलवीर की जगह बीरबल होते।

बीरबल का नाम सुनकर उन्हें होली की भांग का नशा-सा आ गया। उनका चाचा कहा करता था कि आदमी दरबारी होना चाहिए, बेशक चमड़े के सिक्के चलाने वाले राजा का ही क्यों न हो।

चढ़ती जवानी के दिन थे। होली के गुलाल जैसे सपने थे। किसी कन्या कंटीली ने उनकी ओर प्यार से कभी देखा तो नहीं था, फिर भी मन में एक रंग की फुहार जैसी तरंग तो थी। उन्हें अपने चाचा की इस बात पर गुस्सा आ जाता। कहते—दरबारी भी कोई आदमी है, वह तो आलू है आलू। किसी भी सब्जी में डाल दो, चल जाएगा। उसके आका दिन को रात कहें तो वह भी कहे कि हां, सरकार, रात है काली-काली। वह रात को दिन कहे तो उसको भी कहना पड़े कि दिन है जनाब। यह तो सिर्फ ईश्वर की आदलत में खरे-झूठे वकील का काला कोट खटक रहा है। दरबारी की भी कोई जिंदगी है। वह कभी सिर भी अपनी मर्जी से नहीं हिला सकता। चाचा जवाब देते—बेटा, अभी बाप की कमाई की पकी और मां की परोसी खा रहे हो, जब अपनी कमाई की और पत्नी की परोसी खाओगे तो पता चलेगा कि सिद्धांत कहां और ज़िंदगी कहां? या तो कहीं दरबारी हो जाओगे या गधे की तरह बोझा उठाते रहोगे।

आज वह मुड़कर अपने सफल मित्र को देखते हैं तो लगता है कि चाचा

ठीक ही कहते थे। उनका मित्र उनके देखते-देखते मानवतावादी, परोपकारी, उदार और राष्ट्रवादी हो गया था, जबकि उनके पास इस तरह का कुछ 'होने' की फुर्सत ही नहीं थी। वह तो सिर्फ पत्नी की भाषा में 'वायवादी' हो गए थे। उन्हें जब भी पेट की दर्द, कब्ज या कंधे का दर्द होता तो वह यही कहती कि 'वाय-वादी' हो गई थी।

एक दिन उन्होंने सफल मित्र से पूछा—यार, सफल होने का कोई सूत्र हमें भी सिखा दो।

मित्र ने कहा—नहीं, तुम में योग्यता नहीं।

—कैसी योग्यता चाहिए?

—खींसें निपोरने की। है तुम में?...तुमने कभी अपने साहब के यहां कुहनी से घंटी बजाई?

बलवीर ने कहा—कुहनी से क्या, मैंने तो कभी हाथ से भी नहीं बजाई। मुझे तो उनका घर तक नहीं मालूम।

—चढ़ चुके तुम सफलता की सीढ़ी! जिसे साहब के घर का भी नहीं पता, वह भला साहब के बच्चों को स्कूल क्या छोड़ेगा? साहब की बीवी की शाल और साड़ियां ड्राईक्लीन क्या करवाएगा?

—ये सब क्यों भला?

—कुछ नहीं, पप्पू जी, कुछ नहीं। आप बस फाइलें पढ़ो और अपने चश्मे का नंबर दुरुस्त करवाओ।

—नहीं, यार, मेरी बीमारी का कोई तो एंटी वायरस होगा?

—हां।

—तो बताओ न प्लीज!

—होली आ रही है। जरा सफेद कुर्ता-पाजामा पहनकर साहब के माथे गुलाल का टीका लगा आना। आंख दबाकर कहा—जरा मिठाई-शिठाई साथ ले जाना।

बलवीर बाबू ने नया टेरीकॉट का सफेद कुर्ता-पाजामा सिलवाया। एक सौ बीस रुपये वाली काजू की शानदार बर्फी का सुंदर डिब्बा खरीदा और गुलाल का टीका लगाने का लिफाफा जेब में रख साइकिल दनदनाते साहब के यहां पहुंच गए।

चपरासी ने बरामदे में बिठाया। एक घंटा बैठे रहने के बाद साहब आए। उन्होंने संकोच के साथ डिब्बा आगे बढ़ा दिया। साहब ने 'हैं-हैं' कहते हुए खोलकर देखा और चपरासी को पकड़ा दिया। कहा—अपने घर ले जाना। तुम्हारे

बच्चे खुश हो जाएंगे।

बलवीर बाबू ने अपने को इतना अपमानित-सा महसूस किया कि गुलाल के टीके की बात भूल ही गए।

हाथ जोड़कर जाने को हुए कि साहब का कुत्ता जाने कहां से उछलकर आ गया।

बलवीर बाबू पर जोर-जोर से भूंकने लगा और उन पर उछलता रहा। बलवीर बाबू जितना पीछे हटते, वह उतना ही उन पर ज्यादा उछलता।

साहब 'मोती', 'मोती' कहकर हंसते रहे, जैसे कुत्ते का उन पर उछलना अच्छा लग रहा हो। बलवीर बाबू कभी दो कदम आगे बढ़ते, कभी दो कदम पीछे हटते। धीरे-धीरे उनका आगे-पीछे होना एक उछल-कूद के नृत्य में बदल गया। साहब को इस नृत्य में मजा आने लगा। जाने कब उन्होंने अपनी पत्नी और बच्चों को भी बुला लिया। वे भी इस तमाशे मं खूब हंस रहे थे।

बलवीर बाबू जब कोठी से बाहर निकले, उनका नया सफेद पाजामा फट गया था। कुरते का भी काफी हिस्सा गंदा हो चुका था।

अगले दिन उन्होंने सफल मित्र की खूब खबर ली। वह किस्सा सुनते रहे और मंद-मंद मुस्कराते रहे।

—ऐसी मुस्कान सफल लोगों के भाग्य में आती है! बलवीर बाबू ने कहा।

—अब मेरी बात सुनो, वत्स।

—फरमाइये!

—आप भी न बस...।

—क्या बस...कहते-कहते रुक क्यों गए। बेवकूफ कहो, मूर्ख कहो, लल्लू कहो, गधा कहो, तुम लोगों को मुझ जैसा आदमी और क्या लगेगा? बलवीर ने तमतमाकर कहा।

—सुनो तो...मैंने आपको कहा था कि मिठाई-शिठाई लेकर जाना।

—हां, मैं लेकर गया तो...

—आप केवल मिठाई लेकर गए, शिठाई कहां थी?

—मतलब?

—मतलब कि कुछ नकद नारायण होता तो बात बनती।

बलवीर भौंचक खड़े थे।

होना चाहिए एक मकान कहीं

एक सज्जन बहुत समय से छुट्टी पर चले आ रहे थे। दफ्तरों का हाल तो आप जानते ही हैं। अगर कोई बाबू न आए तो पता नहीं चलता। उसके बहुत दिनों की अनुपस्थिति भी किसी को उदास या विचलित नहीं करती। एक दिन चायवाला नहीं आए तो तहलका मच जाता है।

जब वह दफ्तर आए तो मुझे उनकी हालत देखकर बड़ा विचित्र लगा। उनके सिर के बाल बर्फ जैसे हो गए थे। कंधे झुक गए थे। चेहरे पर झुर्रियों का जाल-सा बन गया था। कदम इस तरह फूंक-फूंककर रखते जैसे आगे किसी गड्ढे का इमकान हो।

मैंने उनसे पूछा—क्या बीमार रहे हैं?

—नहीं।

—कोई हादसा?

—नहीं। नहीं।

—घर में सभी ठीक हैं?

—कृपा है।

—फिर यह हालत?

—मैं मकान बनवा रहा था न, जरूरी होता है एक मकान क्रा होना—अपना मकान।

—जरूरी तो होता है परंतु...

—मैं सोच रहा था कि यह तो मिट्टी में मिट्टी हो जाने की दशा है। अपना मकान बनाने के चक्कर में आप स्वास्थ्य से हाथ धो बैठे। चिंताएं आपके बिस्तर में कांटेदार झाड़ियां बिछा दें। सोते-उठते-बैठते एक ही चिंता धू-धू कर जलती रहे...यह कैसा छलावे-भरा सुख है।

थोड़े दिन बाद भल्ला जी के पीले चेहरे पर थोड़ा-सा हास्य झलका।

—क्या बात है, आज खुश नजर आ रहे हैं? मैंने पूछा।

—मकान का एक हिस्सा किराए पर उठा दिया है। ऋण का ब्याज सीधा उधर से ही निकल जाया करेगा।

मैं दिल की गहराइयों से चाहता था कि उनकी खुशी बनी रहे। मुझे चंद किराएदारों की उत्पात-क्षमता और मालिक मकानों को 'ताड़ना के अधिकारी' समझकर दी जाने वाली यातनाओं के किस्से मालूम थे, इसलिए मैं उनके लिए दुआ ही कर सकता था। परंतु परिस्थितियां मददगार नहीं थीं। दुआएं आकाश तक पहुंचने से पहले ही अवकाश प्राप्त कर रही थीं। शायद प्रदूषण के कारण। उन दिनों यह कहावत आम थी कि 'मूर्ख मकान बनाते हैं और समझदार उनमें रहते हैं।'

कुछ दिन बाद ही मैंने भल्ला का मातमी धुन में खामोशी गटकता हुआ चेहरा देखा। मैं उन्हें कॉफी पिलाने साथ ले गया।

—क्या हुआ, भल्ला जी, कुछ परेशान नजर आ रहे हैं?

—किराएदार के कारण नाक में दम आ गया।

—क्या बात है, किराया नहीं दे रहे?

—लानत भेजिए ऐसी किराए की रकम को!

गुस्से में उनकी आंखें पनियाली होने को उन्मुख थीं।

—ऐसे अनुशासनविहीन लोग मैंने कभी इंसानों की बस्ती में नहीं देखे। नेवर सीन इन द हिस्ट्री ऑफ पॉलिटिकल पार्टीज।

मैंने एक पल के लिए उनके इस जुमले की तह तक गोता लगाया और फिर जैसे-तैसे उभरकर जिज्ञासू नेत्र उन पर लगा दिए।

—हमारे नूतन मंगल गृह में मांस पकेगा, शराब पी जाएगी, यह मैंने कभी सोचा भी नहीं था।

—भल्लाजी, इतनी स्वतंत्रता तो आपको देनी ही चाहिए कि कोई जैसे चाहे जी सके। अपनी मर्जी का खा-पी सके।

—परंतु उन्हें यह स्वतंत्रता हर्गिज नहीं दी जा सकती कि आपस में लड़ें और गुस्से में दरवाज़े-खिड़कियां जोर-जोर से बंद करें, जैसे कोई भूचाल आ गया हो। मुझे कई बार लगता है कि जोर से दरवाजा बंद करने की आवाज पर मेरे हृदय का पंप ही गति करना बंद कर देगा। मैंने टीक वुड लगवाई थी। तुम जानते हो टीक वुड का भाव?

—उहूं! मैंने लाचारी में कंधे झटकाए।

—बहुत महंगी होती है। उन्होंने तरस खाकर कहा। यह जुमला उन्होंने कुछ

इस अंदाज में कहा था कि शर्म करो, तुम्हें इतना भी मालूम नहीं और चर्चा तुम पूरे मकान पर कर रहे हो।

—तुम्हें पता है रोटी, कपड़ा और मकान में मकान अंत में क्यों रखा गया है?

—नहीं।

—इसलिए नहीं कि यह आदमी की तीसरे दर्जे की ज़रूरत है। इसलिए कि यह दोनों से कहीं ज्यादा मंहगा है। सारी उम्र की रोटियों और सारी उम्र के कपड़ों से भी कुछ महंगा। इसे बनाने के लिए रोटी और कपड़े दोनों का एक निश्चित मात्रा में त्याग करना पड़ता है।

मकान पर भी ऐसे गंभीर सूत्र कहे जा सकते हैं, यह मैं पहले नहीं जानता था।

—मकान और सोना जब भी आदमी खरीदता या बनवाता है उसे महंगा लगता है और जितना भी बड़ा या ज्यादा खरीदता है, उसे अधूरा लगता है।

मैंने यह तो सुना था कि संघर्ष में आदमी की बुद्धि तीक्ष्ण हो जाती है परंतु एक मकान बनवाकर वह ऐसी विलक्षण हो जाती है, यह मालूम न था।

मैंने भल्लाजी के चेहरे को गौर से देखा। लगा कि उन्होंने बहुत दिनों से रोटी नहीं खाई। उनके स्वेटर का रंग उनके चेहरे की तरह उतरा हुआ था। पतलून घिसी हुई और जूते ऐसे कि उन्हें देखकर एक चमच्च देने में इनकार कर देगी फेरीवाली। हम भी एक मकान बनाएंगे। मेरे दिल में यह खवाहिश-सी उठी। मन की दुर्लभ ख्वाहिशें मन में रहें तो ठीक रहता है, होंठों पर आकर वे तूफान खड़ा कर देती हैं। मैंने इस ख्वाहिश को वाणी दे दी और कहा—हम भी एक मकान बनाएंगे।

—पागल हो गए हैं आप? पत्नी ने आश्चर्य से भरकर पूछा।

—पागलपन कैसा? हम बनवाएंगे एक मकान!

—यह पागलपन नहीं तो और क्या है?

—आंख उठाकर देखो जरा शहर में लोगों ने कितने सुंदर और आलीशान मकान बनवाए हैं। इतने बड़े-बड़े कि महल नजर आते हैं।

—क्या आपका कोई छोटा-मोटा संबंध तस्करी से स्थापित हो गया है?

—नहीं।

—ह्विस्की-सिस्की, डालर-शालर का लेन-देन?

—नहीं।

—कोई घुड़दौड़, कोई लॉटरी-शॉटरी, मटका-सट्टका?

—नहीं, बाबा!

—कोई काला धन?

—नहीं। न काला, न सफेद।

—कोई जमाखोरी, कोई सरकारी कमीशन भी नहीं?

—न-न, इसकी औकात कहां!

—फिर आप मकान नहीं बना सकते।

—देखो, बुरा मत बोलो।

मैं कह रही हूं नहीं बना सकते।

—कहने का कोई आधार?

—आपको पता है मकान बनाने के लिए पहली जरूरत क्या होती है?

—क्या होती है?

—एक प्लॉट! कहानी का नहीं, श्रीमान्—ज़मीन का एक टुकड़ा जोकि उपेक्षित रकम से कम नहीं होता। शहर में जहां पानी का नल और सीवर दोनों हों इसे दो, तीन या चार से गुणा कर लो।

—मुझे पहले पानी पिला दो, यदि तुम सच कह रही हो।

—इस काम पर निकलना हो तो घाट-घाट का पानी पीना पड़ेगा।

—आदमी चांद पर जा चुका है और हम हैं कि धरती पर भी एक अदद मकान नहीं बना सकते।

—बेहतर होगा आप यह कोशिश चांद पर ही जाकर करें, या फिर सपने में। मैं मकान के लिए भूखी नहीं मर सकती। मेरे पिता एक क्लर्क न होते तो तुम्हें मकान दहेज में ही देते।

मुझे भी लगा कि मकानों के मारे बचे-खुचे पेड़ों की धरती पर मकान बनाना एक बेहद मुश्किल चीज़ है। जिंदगी के आर-पार।

उसका सुझाव अच्छा था परंतु मैं यह बात मन से न निकाल सका। मैंने एक सुंदर नेम-प्लेट भी लिखवा ली थी। लेकिन पत्नी की राय थी कि अपने मकान के बिना नेम-प्लेट अप्रासंगिक है।

अपना मकान होने को लेकर मैंने आंकड़ों की जो फाइल तैयार की थी उसने मुझे निराशा की तलहटियों में पटक दिया। नतीजा था शराबनोशी।

शराबनोशी में भटकते हुए मुझे एक नंग-धड़ंग-सा आदमी मिला। वह और भी ज्यादा पियक्कड़ था और पुलिस को गाली दे रहा था।

मैंने पूछा—पुलिस को क्यों गाली देता है?

—साली-फुटपाथ पर सोने का भी पैसा मांगती है।

माया का एक रूप—क्षमा कीजिए

माया के रूप अनेक हैं, लेकिन तासीर एक। चोले हज़ारों बदले लेकिन रूह से पकड़ी जाए। महाजगठगिनी! संतों ने इसे बिल्कुल सही नाम दिया। इसकी मोहक सूरत पर मत जाइए। सुंदर चीज़ों में जबरदस्त छलावा भरा होता है। चाणक्य के मस्तिष्क की उपज विषकन्या। सुंदर इतनी है कि जैसे धरती पर अप्सारा उतर आई हो, लेकिन उसका एक चुंबन मौत की गोद में हमेशा के लिए सुला दे।

लेकिन हुआ यह है कि इस महाजगठगिनी के बारे में दी गई हजारों वर्जनाओं और लाखों चेतावनियों को हमने अक्सर ताक पर धरा है और माया को गले लगाया है, जेब में डाला है या ख्वाहिशों का सरताज बनाकर रखा है। पैकेट पर यह लिखा होने से कि सिगरेट आपकी सेहत के लिए घातक है, सिगरेट की खपत बढ़ जाती है। धुआं उड़ाने का शौक उस चेतावनी पर धुआं छोड़कर आगे बढ़ जाता है। मधुशालाओं में मधुबालाओं के यह कहने को कि पीना सेहत के लिए हानिकारक है, पीने की आदतों में इजाफा हुआ है। (साकी पर लिखी ग़ज़लों के पुलिंदों ने रद्दी वालों की जेबें खाली करवा दी हैं।) चचा गालिब की बात और थी, वे तो कर्ज की मय से काम चला लेते थे।

आने वाले दिनों में सोनागाछी के सड़क पर लैंपपोस्ट के नीचे खड़ी औरत इस चेतावनी के साथ खड़ी मिलेगी—'एड्स से सावधान', तब वहां जाने वाले क्या पास से निकल जाएंगे? नहीं, जनाब, मोह लेने वाली चीज़ों की अपनी महक होती है, भूख की अपनी।

क्षमा कीजिएगा, मैं भी पड़ोस के कस्बे की शराब फैक्ट्री से आती हवा में जरा झूम गया। यही तो बात है। आप कुछ भी कर लें, कुछ भी कह लें और फिर दो शब्दों का यह भरतवाक्य बोल दें—क्षमा कीजिए। आपकी वाचालता माफ, आपकी गुस्ताखियां माफ।

बस में उतरते-चढ़ते वक्त किसी के पांव की उंगलियों को अपने जूतों से कुचलकर निकल जाइए। जब वह आंखें तरेरकर देखे, तो कह दें—क्षमा कीजिए। उसे अनुगृहीत होकर कहना पड़ेगा, 'कोई बात नहीं', चाहे बाद में चप्पल से चिथी हुई उंगलियां देख-देखकर पूरा दिन मन-ही-मन कुढ़ता रहे।

'क्षमा कीजिए' है ही एक फरेब! शिष्टाचार की आड़ में अत्याचार और आप यह अत्याचार करने के अधिकारी हो गए हैं क्योंकि बाद में यही तो कहना होगा न, 'क्षमा कीजिए।' माया का यह रूप कितना उज्ज्वल और सभ्य है। संस्कृति रहे न रहे। उससे क्या फर्क पड़ता है कि अगर हम दस्तानों में नाखून छिपाकर हाथ मिलाएं। मैत्री सम्मेलन करें और बाद में देश के बच्चों की शिक्षा पर होने वाले खर्च घटाकर, बम बनाने लगें।

अमेरिकी एयरक्राफ्ट कैरियर के ऊपरी दो जेक जब दर्शकों के लिए खोले गए तो देखा गया कि उस पर आधुनिक सुपर सॉनिक हवाई जहाज, बम, गाइडेड मिसाइल वगैरह भरे पड़े हैं। जगह-जगह लाल-लाल अक्षरों में लिखा है—'खतरा'। लड़ाई के इस विध्वसंक साजो-सामान के बीच एक छोटी-सी वेदी भी बनी थी, जिसके नीचे एक तख्ती लगी थी, जिस पर लिखा था—'यहां पर विश्वशांति के लिए भगवान से प्रार्थना कीजिए।' कैसी विडंबना है शांति की, माया की और क्षमा की। शांति का इतिहास, महायुद्धों की लाशों और विनाश से बनेगा। इसका पहला सलाम शांति के सफेद कबूतरों के खून से तर होगा।

आप एक देश के राजनेता होने के नाते घोषणा कर सकते हैं कि अगले दिनों में आप किसी दूसरे देश पर आणविक शक्ति से आक्रमण करने वाले हैं। लेकिन उसी दिन प्रबल प्रतिरोध के जवाब में कह सकते हैं, 'क्षमा कीजिए, वह तो हमने सिर्फ मजाक में कहा था।'

क्षमा कीजिए, शाहों के शाह शहंशाह ही ऐसा मजाक कर सकते हैं। 'ऐरा गैरा नत्थू खैरा' को तो अपना और परिवार के सदस्यों का पापी पेट भरने से ही फुर्सत नहीं।

'क्षमा कीजिए' का चलन इतना अधिक हो गया है कि औपचारिकता के सभी वाक्य इसी से शुरू होते हैं—''क्षमा कीजिए, क्या मैं जान सकता हूं कि यह बस कहां जाएगी?''

'क्षमा कीजिए, आपके पास सिगरेट के लिए माचिस होगी?' साथ ही 'क्षमा कीजिए, आपके पास माचिस के लिए सिगरेट होगा?'

जिस भलेमानस देहाती को किसी महानगर में आते ही बीस-पच्चीस बार

'क्षमा कीजिए' नामक जुमले से साक्षात्कार हो जाए वह घबराकर कहेगा, ''मैं दिनभर क्षमा ही करता रहूं? मुझे और कोई काम नहीं?...चारा नहीं देने पर मुझे मेरे पशु क्षमा नहीं करेंगे। पानी नहीं देने पर मेरी फसलें मुझे क्षमा नहीं करेंगी...तो फिर मैं ही क्यों क्षमा करूं। तुमने मेरा पांव कुचला है, अब एक बार मुझे भी अपना पांव कुचलने दो।'' हम भी क्या करें, हम ठहरे अपने सभ्य होने के दर्प में चूर। इस एटीकेट को आदत में डालकर अपने जीवन का अंग बना चुके हैं। डकार मारेंगे तो कहेंगे, 'क्षमा कीजिए। छींक मारेंगे तो कहेंगे, क्षमा कीजिए।'

हमारी दिल्लीवाली सीमा भाभी हर छींक के साथ 'क्षमा कीजिए' कहती हैं। कई बार एक छींक के बाद 'क्षमा' ही कह पाई हैं तो दूसरी छींक आ गई। 'कीजिए' तीसरी छींक के बाद ही संपन्न हुआ। कई बार छींक और क्षमा इतनी मिली-जुली होती है कि पता नहीं चलता कि छींक कहां और क्षमा कहां? खुदा न खास्ता उन्हें जुकाम हो जाए और बीस छींकें आ जाएं तो 'क्षमा कीजिए' बीस दफे होगा।

जुकामग्रस्त आदमी के साथ सभ्यता का यह कितना दुराचार है। एक तो बेचारे को छींक-छींक का नर्तन-रटतन करना पड़ रहा है, दूसरे हर छींक के बाद 'क्षमा कीजिए' का पाठ।

विनम्र निवेदन यह है कि छींक का वर्गीकरण करके इसे इस सभ्य अंकुश से मुक्त किया जा सकता है। इसके कारण भी हैं। एक तो यह कि (छींक के पाश्चात्य दृष्टिकोण की बात छोड़ दें) हमारे यहां छींक का मतलब यह समझा जाता है कि कोई याद कर रहा है। कोई याद कर रहा है और आप पावती के रूप में छींक रहे हैं—आक्छीं!...यह पावती देने के तुरंत बाद आप सामाजिकों से यह कहने के लिए अभिशप्त हैं—'क्षमा कीजिए।' संभव है यह विचार आपको भावुकता-भरा और अविश्वसनीय लगे, लेकिन इसका चलन है। दूसरा कारण यह है कि जुकामग्रस्त आदमी दूसरों से जरा अलहदा और ऊंचा होता है क्योंकि जुकाम में वह अधिक संजीदा और दार्शनिक लगता है।

जरा कल्पना करें एक जुकामज़दा आदमी आपके साथ बातचीत कर रहा है—खेल, प्रकृति, साहित्य या राजनीति—कसी भी विषय पर। चर्चा करते-करते वह अपनी नाक पर उंगली रखकर शूं कर लेता है तो चर्चा में अधिक जान आ जाती है। जुकाम-पीड़ित आदमी के चेहरे पर दर्द का एक भाव रहता है, जिससे वह आपको हमदर्द लगने लगता है। ऐसे आदमी को कभी गीत गाने के लिए कहें तो वह बहुत सोज में ग़म का गीत गाएगा। ऐसे आदमी को वक्त-बेवक्त

क्षमा कीजिए का अलाप भी लगाना पड़े तो यह हमारी सभ्यता की ज्यादती नहीं तो क्या है।

युग का अंतर बहुत बड़ा होता है। उस अंतराल को कोई नहीं पाट सकता। भक्तिकाल के कवि जरा-जरा-सी बात पर 'मो सम कौन कुटिल खलकामी' कहा करते थे। कबीर ने अपने आपको 'राम का कुत्ता' कहकर अपना नाम मूतिया बताया है। उनकी दीनता उनके संत स्वभाव की परिचायक है।

आज के स्वभावगत अहं के दिनों वे हालात नहीं रहे। किसी कार्यालय में एक लड़के से कुछ भूल हो गई। उसके संत-स्वभाव पिता ने कहा कि वह क्षमा मांग ले। गलती मान लेने वाला नीचा नहीं हो जाता। क्षमादान तो भगवान भी देते हैं।

उसने पिता की आज्ञा मान ली। क्षमा मांगने के अगले दिन उसे नौकरी से निकाल दिया गया। अनुभवी लोगों का कहना था कि अगर वह नोटिस मिलने पर आंखें दिखाता, अपना दोष दूसरों के गले डाल देता तो जरूर बच गया होता।

क्षमा का अच्छा उपयोग कुछ लोग मेहमाननवाजी में करते हैं। अनचाहा मेहमान आ जाए तो कहेंगे—"क्षमा कीजिए, मैं तो सपरिवार बाहर जा रहा हूं।" और फिर शहर के लाज, सराय आदि की सुविधाओं की प्रशंसा करने लगेंगे। दूसरो के यहां मेहमान होकर जाने पर कहेंगे—"क्षमा कीजिए, मुझे तो डॉक्टर ने सलाह दी है, हवा-पानी बदलने की। दस-बीस दिन रहूंगा।" बच्चे उदास हो जाएंगे तो उनको भी यहीं बुला लिया जाएगा।

दहेज मांगने वाले आएं तो 'क्षमा कीजिए।' कम देने वाले आएं तब भी 'क्षमा कीजिए।'

एक बार एक संन्यासी ने लिखकर कुटिया के बाहर बोर्ड लगाया—'मिनी स्कर्ट वाली लड़कियां और झूठ की दुकान चलाने वाले लोग क्षमा करें।'

दुकानों पर वह बोर्ड तो आपने देखा ही होगा, 'उधार मांगने वाले क्षमा करें।'

'क्षमा कीजिए' की चरम सीमा देखनी हो तो इस अंदाज में देखें—किसी ने छत से कचरा गिरा दिया। जिस शख्स पर कचरा गिरा वह अपना नया इकलौता सूट पहनकर पार्टी में जा रहा है। फेंकने वाले ने अपना काम बेखटके किया है।

उस बेचारे ने एक नज़र अपने शानदार रह चुके कपड़ों पर डाली और एक नज़र ऊपर, जहां अब कोई न था। फिर उसने दरवाजा खटखटाया। खिड़की से एक अदद गर्दन बाहर निकली।

—आप कचरा देखकर नहीं फेंकते?

—देखकर ही फेंकते हैं?

—मेरा सारा सूट खराब कर दिया।

—क्षमा करें।

क्षमा मांगने वाले की आवाज पत्थर-मार थी। आंखों में पूरी बेशर्मी और चेहरे पर ढीठता का सरूर।

—मुझे पार्टी में जाना था और मेरा सारा सूट खराब कर दिया। अजनबी ने कहा।

—अबे! कह तो दिया 'क्षमा करें', अब क्या तुम्हारे पांव पकड़ें?

अंदाज़ यह कि इस बार इतना ही डाला सो डाला, आगे जब भी अवसर मिलेगा, दुगुना डालेंगे। तुम्हें पार्टी में जाना हो या भाड़ में, हमें क्या...

ज़िंदगी के खरीदार

ऐसा नहीं कि घनश्याम बाबू कोई फोकट किस्म के आदमी हों। सभी चीज़ों को भली प्रकार से देखते थे, समझते थे। तभी तो आज गैंग वाले, आयकर वाले, नौकरी ढूंढने वाले, पत्ता फेंकने वाले, स्कूल-कॉलेज से लड़की भगाने वाले, दो-दो बहुएं जलाकर तीसरी बार बेटे की शादी करने वाले—सभी उनके आगे-पीछे घूमते हैं।

वह देख रहे थे कि उनका बाप एड़ियां रगड़-रगड़कर जीता रहा और माया रगड़-रगड़कर ईमानदारी के फंदे पर झूलता रहा। उसने बेईमान होने में पैंसठ वर्ष खर्च कर डाले। मां उसकी बेईमानी को लाचारी का नाम देती थी। घनश्याम बाबू कहते थे कि प्रत्येक बेईमानी लाचारी से शुरू होती है। लाचार तो उसका बाप जन्म से ही था परंतु बेईमान हुआ जाकर पैंसठ वर्ष की उम्र में।

हुआ यह कि उन दिनों वह रिटायर हो चुके थे। रिटायर होना एक बात है, खुद को रिटायर समझना दूसरी बात। जो नौकरी से रिटायर होकर जीवन से रिटायर नहीं होता वह मौत को, बीमारियों को, मध्यमवर्गीय नग्नता को—सभी को मुंह चिढ़ाता फिरता है, जैसे बच्चे पटरी के पास खेलते हुए चलती गाड़ी में सवार लोगों को चिढ़ाते हैं। जैसे होली के दिन कोई केवल जांघिया पहनकर सड़क पर निकल आए और कहे कि डालो, कितना रंग डालना चाहते हो। जो जीवन से रिटायर नहीं होता वह यमराज को एस.टी.डी/पी.सी.ओ. से फोन करता है—देख लूंगा तुम्हें, मेरा क्या बिगाड़ लोगे! ज्यादा-से-ज्यादा क्या कर सकते हो तुम। मेरी सांसों, खवाहिशों, पाबंदियों का हिसाब ही कर दोगे न। मैं जब तक हूं, जीवन के साथ रहूंगा। विनाश के खिलाफ खड़ा रहूंगा। जब मरूंगा, हवा के साथ बिखर जाऊंगा। माटी के साथ बहु-राष्ट्रीय कंपनियों का कचरा झेलता रहूंगा। किसी गैस कांड में शहीद होकर जज की अदालत में केस की फाइल का फीता बन जाऊंगा।

जो रिटायर मान लेता है, अपने को फालतू महसूस करता रहता है। फालतू की बहस, जो पेंशनरों और पेंशन की रकम बढ़ने के बीच होती है। बहस का सूत्रधार नहीं जो फालतू की बहस से लाखों रुपये बटोर लेते हैं। उनके लिए बहस करना अपना उल्लू सीधा करना होता है और लोगों को उल्लू बनाना।

उसके पिता की पेंशन थी एक सौ बीस रुपया। होनी एक सौ सत्तर थी, परंतु सेवानिवृत्त होने से पहले उससे एक फाइल गुम हो गई थी। यह वह फाइल थी जिसमें उनका बॉस गरीब जनता की प्रगति के झूठे आंकड़े मुख्य दफ्तर को भेजता था। उनका कहना था कि फाइल की गुमशुदगी के लिए उसे जान-बूझकर फंसाया गया है ताकि सेवानिवृत्त होते ही पोल न खोल दे। उन्हें यकीन था कि फाइल बॉस के कब्जे में ही थी, क्योंकि एक दिन कैंटीन में उधार की चाय पीते हुए उसने एक मित्र से कहा था कि जिस हिसाब से वे फाइल में गरीबी हटा रहे हैं, पांच सालों में ही पूरे भारत में किसी प्लेटफार्म पर एक भी भिखारी नहीं मिलेगा। सभी चोर-डाकू नेकटाई लगाकर स्कूटर से दफ्तर जाया करेंगे।

हमारे दफ्तरों में फाइल और रिश्वत उतनी नहीं चलती जितनी चुगली। सो बॉस को पता चल गया कि विकास आंकड़ों वाली फाइल पर घनश्याम बाबू के पिता की नज़र साफ नहीं है। पहले ही उन्हें उस आदमी पर पत्नी की तरह यकीन नहीं था। उन्हें कहते—नोट तैयार करके लाओ कि किसान का जीवन अब खुशहाल हो गया है तो वह लिखकर लाता—'श्मशान घाट में एक आदमी हंस रहा है।' उन्हें पूछा गया कि ऐसा क्यों लिखा गया? जवाब मिला, 'उसका धान मंडियों में कूड़े का ढेर बन रह गया। उसकी गोभी को पाला मार गया, कर्जों पर ब्याज बढ़ रहा है, फिर भी वह खुशहाल दीखता है या दिखाया जाना चाहिए तो ऐसा ही होगा।'

सो आंकड़ों वाली उस फाइल के गुम हो जाने या कर दिए जाने पर विभाग, कौम और देश की शान में बट्टा लगा देने वाला अपराधी उन्हें ठहराया गया और पेंशन का स्तर गिराकर एक सौ बीस रुपया कर दिया गया।

एक बार जब उन्हें पेंशन लेने शहर जाना था, पड़ोसवालों के बेटे से कहा कि वह स्कूटर से शहर तक छोड़ दे तो उसने टके-सा जवाब दे दिया—"एक सौ बीस रुपए की पेंशन लेने स्कूटर से जाते हुए शर्म नहीं आती?"

शर्म उन्हें अपने बाप पर इसलिए आती थी कि उनकी रफ्तार मध्ययुगीन थी। बेईमान होने के लिए कौन-सी केंचुल बदलनी होती है? कौन-सा आत्मा को कबाड़खाने से निकालकर रद्दी के भाव बेचना होता है?...ऐसा कुछ भी नहीं होता

अगर इस तरफ से आंख मूंदे रखो।

घनश्याम बाबू की सफलता का रहस्य, जो मुझे समझ आया, वह है अपना काम करके निकल जाओ और कोई उंगली उठा दे या कोई विवाद सिर चढ़कर बोलने लगे, तो मुद्दा बनाकर बहस चला दो। लोग बहस में उलझे रहें और तुम्हारे गले न पड़ें। जब उनके बैग से सोने के बिस्कुट पकड़े गए तो उन्होंने कहा कि बैग उनका है, परंतु सोना पता नहीं कौन रख गया। फिर जब मामला ठंडा पड़ा और उन्होंने सोना अपना होने के सबूत जुटा लिए तब कहा कि सोना उनका ही था। बैग न जाने किस बेवकूफ़ का था, जिसने उन पर दाग लगाने के लिए बैग में उनके कागजात डाल दिए।

प्रेस में कहा—यह साजिश है। पहली ऐसी साजिश राजा दुष्यंत के साथ हुई थी। मछली के पेट में सोने की अंगूठी डालकर उन्हें फंसाया गया था।

एक संवाददाता ने कहा—आप बात को तोड़-मरोड़ रहे हैं।

जवाब मिला—बात को तोड़ने-मरोड़ने की पहली घटना महाभारत में हुई, जब अश्वत्थामा मारा नहीं गया था परंतु घोषणा कर दी गई कि मारा गया—'अश्वत्थामा हतो नरो या कुंजरो बा'।

पत्रकार चिल्लाया—परंतु घनश्याम जी, यह सरेआम भ्रष्टाचार का मामला है।

घनश्याम जी ने चश्मा उतारा, साफ करके लगाया और कहा—भ्रष्टाचार अब कोई मुद्दा नहीं रहा।

—जो कुछ हो रहा है, नैतिकता के विरुद्ध है।

—नैतिकता के परखचे उड़ चुके हैं। हम किसी दिव्य लोक में नहीं जा रहे। जीवन के प्रति ठोस हकीकत जानने वाला रवैया रखना चाहिए।

—आपका स्विटज़रलैंड में भी खाता है।

—हमें फख्र होना चाहिए कि हम हिंदुस्तानी इस लायक हो सके। फिर आने वाली मुसीबतों का ख़याल कर कहा—वैसे यह भी है सरासर झूठा इल्जाम।

बाद में चाय पीते हुए मैं घनश्याम बाबू से पूछ बैठा—यार, वह स्विटज़रलैंड वाला क्या मामला था?

—जरूर कोई विदेशी हाथ है। मैंने तो आईलैंड तक नहीं देखा।

—हाथ तो विदेशी होगा पर मिला तुमसे है।

—तुम्हारी मुद्रा अराजक हो रही है आजकल।

मैं उसकी तरफ देखता रह गया कि यह बात उसने मज़ाक में कही है या

गंभीरता में?

मज़ाक में कही हो तो मुझे इतराना चाहिए कि बीसवीं सदी के अंत तक मेरा मज़ाक उस जैसा बिच्छू के डंक वाला आदमी बरदाश्त कर रहा है। अगर गंभीरता में कही हो तो कल रात तक मेरे पंख कतर दिए जाएंगे। मेरी कलम, टांग, आज़ादी तोड़ी जा सकती है। मेरी प्रिय किताबें जलाई जा सकती हैं।

हालात को काबू में लाने की गरज से मैंने पूछा—अंतिम वक्त में तुम्हारे बाप ने क्या बेईमानी की थी?

डॉक्टर ने जो दवा उसे दो दिन में खाने को दी, उसने सात दिन में खाई। इतना ही नहीं, डॉक्टर की नजर बचाकर सेंपल की दवा उड़ा ली।

—तुम उस पर नाराज रहते हो, जिसने तुम्हें जन्म दिया!

—पिता, पार्टी, कस्बा, रिश्ते...मैं जितना इनसे नाराज रहा हूं, उतना ही आगे बढ़ा हूं।

हलाहलवाद उर्फ अफसर का साहित्य

एक दिन सेवकराम जी को लगा कि उन्हें तो लेखक होना चाहिए था। सेवकराम जी अब एक सफल अफसर थे। आखिर क्या नहीं था उनके पास। शास्त्रीनगर में एक कनाल में बनी शानदार कोठी (सभी कमरों में ए.सी. और पंद्रह लाख के फर्नीचर सहित), साढ़े आठ लाख की विदेशी कार (हालांकि सारे काम दफ्तर की सरकारी गाड़ी से ही निपट जाते थे) और जितना कोई झूठ बोल ले उतने के आभूषण और नकदी। लड़का थोड़ा नालायक निकला था। सैंतीस प्रतिशत नंबर लेकर पास हुआ (इसके बावजूद कि दफ्तर के तीन क्लर्क उसे पर्चियां और किताबें फाड़कर देने के काम पर तैनात थे), साढ़े तीन लाख की डोनेशन देकर उसे कर्नाटक में इंजीनियरिंग में दाखिला दिलवा दिया था। निकलते ही उससे एक लड़की पसंद करवाकर एक बड़ी फैक्ट्री वाले का जवाईं बाबू बनवा देना था। यह सब कुछ लगभग तय था। लड़की प्रेम की गलियों में थोड़ी उदार हो गई थी। एक बेकार-से गिटारवादक के साथ भागने को तैयार थी। उसे एक मर्चेंट नेवी के एक अफसर से पसंद करवाया और दिन में ही शादी कर भेज दिया। पहले रोती-चिल्लाती रही कि मेरे दिल को उस गिटारवादक ने छू लिया है, मैं उसके बिना जी नहीं संकूंगी। उसके बिना मेरा जीवन गम का दरिया हो जाएगा, लेकिन कुछ नहीं हुआ। उसका सारा तनाव, बिखराव और अलगाव व्यावहारिकता की आंच में पिघल गया। अब वह पति के साथ अमेरिका जाने वाली थी और खुद शॉपिंग कर रही थी...

लेखक हो जाने का खयाल उन्हें तब आया जब वह एक दिन टी.वी. देख रहे थे। उस दिन शाम को न तो क्लब जाकर शैंपेन पीने और रमी खलने का मूड था, न मालती से मिलने का इरादा था (कमबख्त चालीस की होकर अपने को इकतीस की कहती है और पिछले चार सालों से इकतीस की ही बनी रहना चाहती है।) सो वह सीधा घर आ गए। टी.वी. लगाया कि देखें क्या आ रहा है।

सामने टी.वी. में था दफ्तर का एक मामूली क्लर्क रोहिताश्व। (उन्हें तो उसका नाम भी पसंद नहीं था) वह कला और साहित्य की भूमिका पर चर्चा कर रहा था और चर्चा करते हुए जरा भी क्लर्क नहीं लग रहा था। उन्होंने रिमोट से टी.वी. के रंग कुछ एडजस्ट किए और आवाज का एक नंबर बढ़ा दिया। वह सिर से पांव तक एक कलाकार नज़र आने लगा।

उन्हें यह सोचकर हैरानी हुई कि दफ्तर में इस आदमी की शक्ल देखे उन्हें कई-कई दिन निकल जाते हैं बल्कि कई बार तो महीने। न तो वह उन्हें नमस्कार कहने आता है, न कोई चुगली-शिकायत लेकर। कभी रास्ते में भी मिल जाए तो कन्नी काट लेता है जैसे देखा ही न हो।

अब सामने टी.वी. पर उसका क्लोज शॉट था। उसी समय उन्हें लगा कि गाड़ी, बंगला, लंबे बैंक बैंलेस, लॉकर-शॉकर, नौकरों और ऊंचे रुतबे के बावजूद कहीं कोई कमी है, कुछ ऐसा, जो जीवन में हुआ नहीं। वह चीज़ शायद इस सामने वाले आत्मविश्वास भरे आदमी के पास है, जो उन्हें कुछ भी नहीं समझता।

उसी दम उन्होंने निर्णय किया कि वे भी लेखक होकर रहेंगे। अगले दिन दफ्तर जाते ही उन्होंने अपने पी.ए. को बुलाया। कहा—मैंने फैसला कर लिया है कि मैं आज से एक लेखक बनकर रहूंगा। इसके लिए मैं सभी सेक्शन इंचार्जों के साथ मंत्रणा करना चाहता हूं।

—सर, है तो छोटा मुंह बड़ी बात, लेकिन मैंने सुना है कि साहित्य मंत्रणा से नहीं, यंत्रणा से लिखा जाता है।

—क्या मतलब?

—सर, हमारे हिंदी के टीचर थे भगतराम। बहुत ही बढ़िया आदमी थे। वह कहा करते थे कि लेखक तब तक नहीं लिख सकता जब तक जनता की पीड़ा को अपनी पीड़ा मानकर झेलता नहीं। उसी पीड़ा झेलने की यंत्रणा से जन्म लेता है सच्चा साहित्य।

—यह लेक्चर बंद करो और उस सेक्शन अफसर को बुलाओ, जिसके नीचे वह रोहित-मोहित नाम का लड़का काम करता है।

—रोहिताश्व, सर?

—हां-हां, वही, जो कविता-शविता लिखता है। कहने के बाद उन्हें लगा कि उन्हें ऐसा नहीं कहना चाहिए था। यह तो फालतू का बढ़ावा देने की बात ही हुई। सेक्शन अफसर खन्ना पैड-पेंसिल के साथ विनम्रता की मूर्ति बना आया और 'क्या मैं अंदर आ सकता हूं?' स्कूली लड़के की तरह उसने पूछा।

उन्हें पता था कि जब तक वे 'बैठो' नहीं कहेंगे, वह खड़ा रहेगा। एक बार तो उन्होंने जान-बूझकर उसे आधा घंटा खड़ा रखा था।

—बैठो, खन्ना। तुम्हारे सेक्शन में कोई रोहित-मोहित भी है?

—रोहिताश्व, सर?

—हां-हां, वही। क्या काम है उसके पास?

—डायरी डिस्पैच, सर। पहले उसे परचेज की सीट दी थी। बड़े एतराज लगाता था कि पार्टी का माल अच्छा नहीं है। कीमत बाजार भाव से ऊंची है। सो भी लिखित रूप में। फिर आपने कहा था कि ऐसे तो ऑडिट पैरा बन जाएंगे और अर्से तक हमारी जान नहीं छोड़ेंगे, तो उसे हटा दिया।

—वैसे कैसा है?

—पूरी ईमानदारी की दुम है! कहकर वह हो-हो कर हंस दिया।

—बस, यही पूछना था कि आपको उसकी वजह से कोई परेशानी तो नहीं?

—नहीं जी, ऐसों को दीवार के कोने में लगाए रखना हमें आता है। आखिर बीस साल की नौकरी हो गई है। हें हें हें...

—ठीक है, जाइए।

पी.ए. को आदेश दिया कि उन्हें डिस्टर्ब न किया जाए। कोई फोन नहीं, कोई मिलने वाला नहीं, कोई फाइल नहीं।

दो घंटे अफसर कलम और कागज के बीच झूमते रहे लेकिन दो लाइनें भी नहीं लिख पाए। इतने सालों से दफ्तरी चिट्ठियों और आर्डरों के अलावा न कभी कुछ लिखा, न पढ़ा। लिखना, तो होता ही नहीं था, सिर्फ हस्ताक्षर टीपने होते थे।

उन्होंने ड्राइवर को बुलाया और कहा कि गाड़ी बुक्स मार्केट ले चले।

किताबों की एक बड़ी दुकान के सामने उतरे।

—मुझे कुछ किताबें चाहिए।

—कौन-सी किताबें?

एक पल के लिए उन्हें सोचना पड़ा।

बी.ए. तक की पढ़ाई में से सिर्फ शेक्सपीयर का नाम याद था, लेकिन उसकी भी किसी किताब का नाम याद नहीं आया।

—कोई भी ऐसी किताबें जो आजकल के लेखक लोग पढ़ते हैं।

दुकानदार कुछ समझा और कुछ नहीं। चकराकर कहा—

—आजकल लेखक अपनी किताब के सिवा पढ़ते कहां हैं। अपनी किताब

भी इसलिए पढ़ते हैं क्योंकि प्रूफ उन्हीं को पढ़ने होते हैं।...फिर भी कुछ किताबें दिखाता हूं जिन्हें पढ़ा जाना चाहिए।

वह बोलता जा रहा था और काउंटर पर एक-एक किताब रखता जा रहा था—यशपाल का उपन्यास, मोहन राकेश की कहानियां, अज्ञेय की कविता, अनिरुद्ध की छोटी कविताएं...।

वह एक-दो पन्ने उलटते और रख देते।

—कौन-कौन-सी दूं, सर? के व्यंग्य-भरे प्रश्न के जवाब में उन्होंने ठाट से कहा—सभी बांध दो।

फिर यह सोचकर कि जेब से तो वे कभी ही कोई चीज़ खरीदते हैं, किसी न किसी को चीज़ों की लिस्ट दे दी जाती है और चीज़ें घर पहुंच जाती हैं, कहा—मेरा आदमी आएगा। पेमेंट कर ले जाएगा।

—क्या कहते हैं, सर। पेमेंट आ जाएगा। कोई भागे जाते हैं पैसे? किताबों का बंडल तो आ गया।

लेकिन किताब पढ़ता कौन? उन्होंने तो बी.ए. के बाद कभी किताब को हाथ भी नहीं लगाया था। अखबार का भी कार्टून देखते और मैंड्रक जासूस की चित्रमयी कहानी पढ़ते। ख़बरें टी.वी. से सुन लेते थे।

इतनी किताबों को देखकर पत्नी अलग भड़क उठी थी—मुझे समझ नहीं आता कि इतनी किताबें लाने की ज़रूरत क्या थी? अगर लानी ही थीं तो ऐसे कलर की जिल्दों की लाते जो कमरे के पेंट के साथ सूट करती हों।

आखिर दस दिन की मेहनत के बाद उन्होंने कविता की चार पंक्तियां लिख ही डालीं। वे पंक्तियां थीं—

पहले सुबह हुई
फिर दोपहर दरवाज़े जैसी बंद
उसके बाद आई रात
खिड़की जैसी लेकिन काली हाशिए जैसी।

यह कविता उन्होंने अपने पी.ए. को सुनाई।

पी.ए. ने कहा—रहस्यवादी कविता लगती है, सर।

अफसर झूम उठे, 'बस-बस, मैं ऐसी ही कोई वादी कविता लिखना चाहता हूं। यह जो तुमने कहा वह कुछ पुराना-सा मालूम होता है। कोई नया-सा वाद बताओ जो सभी कहें कि कुमार सर ने ही चलाया है।

—जी-जी, यही होगा। पी.ए. ने आदतन कहा।

—अब तुम यह पता लगाओ कि जिस प्रोग्राम में वह रोहित-मोहित जाता है, उसका टी.वी. में प्रोड्यूसर कौन है? उसके घर बढ़िया बासमती चावल का कट्टा एक पहुंचा दो।

उन्हें टी.वी. में बुलाया तो गया लेकिन व्यंग्य-पाठ के लिए नहीं, एक साहित्यिक बहस के लिए। विषय था 'साहित्य और समाज'। वे परेशान थे कि उनसे पूछा क्या जाएगा और वे कहेंगे क्या? उन्हें बताया गया कि उनसे सिर्फ एक ही प्रश्न पूछा जाएग और उसके जवाब में वे कहेंगे—साहित्यकार सामाजिक स्थितियों का मूक साक्षी नहीं होता। उसका अपना एक रचनात्मक दायित्व है जिसका निर्वाह वह मर्मस्पर्शी ढंग से विश्लेषण करते हुए करता है।

उन्हें यह संवाद लिखकर दे दिया गया था ताकि अच्छी तरह रटकर आएं। उन्होंने रट भी लिया था और शीशे के सामने बैठकर इसकी रिहर्सल भी कर ली थी।

लेकिन उनका मूड तब बिल्कुल उखड़ गया जब मेकअप रूम में उन्होंने रोहिताश्व को भी खड़े पाया।

प्रोड्यूसर को अलग ले जाकर पूछा—यह लौंडा-लपाड़ा क्या हमारे साथ बैठेगा?

—इसे बुलाया तो था किसी दूसरे प्रोग्राम के लिए, लेकिन बाकी लोग नहीं आए। आपके प्रोग्राम के लिए संचालक नहीं है। यह संचालन कर देगा। आपका तो बन्ना है।

—ये बच्चे ही बड़ों के कान काटते हैं!

इसी बीच हुआ यह कि प्रोड्यूसर महोदय गोष्ठी के संचालक को यह बताना भूल गए कि अफसर से कौन सा प्रश्न पूछा जाना है जिसके जवाब में उन्हें रटंतशुदा जवाब मिलेगा। ऐसी सुंदर भूलें वे कई बार कर जाते थे, जोकि बाद में किस्सा बन जातीं।

गोष्ठी-संचालक ने उनसे पूछा—क्यों मिस्टर कुमार, क्या आपको नहीं लगता कि हमारा समाज दोमुंही संस्कृति के बीच फंसा है?

अपने दफ्तर के एक अदना-से कर्मचारी से 'मिस्टर कुमार' का संबोधन सुनकर उनको अपना रटा हुआ पार्ट भी भूल गया।

असहनीय विराम के बाद जो कुछ उन्होंने कहा, वह यह था—असल में समस्या यह है कि आजकल छोटे-छोटे तबकों से जो भी लुंडी बुच्चा आता है, साहित्य पर अपना अधिकार समझता है।

पैनल पर बैठे प्रोड्यूसर महोदय मुस्कराए। विवादों के बीच उनके पहले भी ट्रांसफर हो चुके थे। यह स्टेशन उन्हें वैसे भी पसंद नहीं था और अब साहित्य ही करते रहना उन्हें गवारा न था। उन्होंने प्रोग्राम 'स्वतंत्र' ही जाने दिया।

अफसर महोदय का वास्तविक मुसीबत से सामना तब हुआ जब कार्यक्रम टेलीकास्ट हो गया। अगले दिन अखबार में दो-चार कॉलमी पोने पेज का लेख छपा—'साहित्य बड़े लोगों की बपौती'। फिर धड़ाधड़ फोन आने लगे। पांच-पांच, छः-छः पत्रों की चिट्ठियां, जो उन्हें आधी समझ आतीं, आधी नहीं। सभी में उन्हें घटिया, निरकुंश और वहशत का शिकार कहा गया।

उन्हें समझ नहीं आ रहा था कि उनसे भूल कहां हो गई? अब उन्हें लगा कि साहित्य में यंत्रणा तो है लेकिन मधुमक्खियों का होहल्ला उनसे कब छेड़ दिया गया, यह पता नहीं चल रहा था।

वैसे वह साहित्य में किसी वाद को छोड़कर अमर हो जाना चाहते थे, चाहे वह (हालावाद या) हलाहलवाद क्यों न हो!

शराफत

शराफत का चेहरा सुंदर है। आकर्षक है इसकी मीठी बोली। समाज में इसका अपना (धक्के खाता हुआ) स्थान है। सब कुछ है परंतु जीवनभर इसका साथ निभाना बेहद मुश्किल है। गर्ज यह कि इसे चेहरे पर चिपकाए रखना तो सर्दियों में दोपहर की धूप जैसा सुखद है परंतु इसे हृदय में बसाए रखना अपनी जान का दुश्मन बनाने जेसा है। इस कुटिल जमाने में आपके पेट में जितनी बारूदी उन्मादता हो, जितनी कंटीली ईर्ष्या आपकी नजरों में हो, उतना ही अच्छा, नहीं तो जनाब हर रोज लानत-मलामत की वह धक्कमपेल होती है कि बड़े-बड़े वीर शरीफ हजरत कहने को मजबूर हो जाते हैं, 'शराफत छोड़ दी हमने।'

एक पुराना ज़ांबाज कानून चला आता है—'जिसकी लाठी उसकी भैंस' अर्थात् लाठी वाले आदमी को दूध पीने के लिए भैंस चाहिए ही। (वह दूध नहीं पिएगा तो शरीफों की ऐसी-तैसी कैसे करेगा!) उसके पास यदि अपनी भैंस नहीं है तो उसका यह हक बनता है कि आपके खूंटे से खोलकर ले जाए। सांस्कृतिक विकास, सभ्यता का तकाजा, कानून-कायदा, पुलिस, न्याय इस सबकी दुहाई देकर आप किसे डरा रहे हैं। ये चीज़ें किसी शरीफ आदमी की शराफत की ताजपोशी के वक्त काम आएंगी। फिलहाल उसके रास्ते से हट जाइए। वह इतना शरीफ भी नहीं कि सिर्फ बातें करता रहेगा। उसके पास लाठी है और आपकी पसलियां हैं कवच-रहित।

शराफत लाती है गर्दिश के दिन। गरीबी में आटा गीला। जिन लोगों ने इस जीवन को दु:ख की डगर कहा है वे जरूर शरीफ आदमी रहे होंगे—अपनी शराफत से मगरूर और परेशान। शराफत छोड़ते ही किसी को ज़िंदगी की चमक नजर आने लगी होगी। भाग्यराशि में भविष्य चमकने लगा होगा। 'तू भले का बुरा करेगा तो तेरा भला होगा'—ऐसा लिखा होगा।

परंतु ऐसा करना आसान नहीं होता। शरीफ आदमी अपनी शराफत के हाथों मजबूर होता है। वह गाली नहीं दे सकता। लाठीवाले से अपनी भैंस वापस नहीं

छीन सकता। या तो इस पर कुनमुनाता रहेगा कि शराफत का जमाना ही नहीं रहा। चोर-उचक्का चौधरी... या फिर एक और भैंस के लिए लोन की अर्जी भेज देगा। हालांकि यह पचड़ा भी एक शरीफ आदमी के बस का नहीं। क्योंकि एक भैंस के लिए कर्ज लेने के लिए उसूलन दो भैंसों के खरीदने जितनी रकम का लोन एप्लाई करना होता है। एक भैंस खरीदने जितनी रकम लोन पास करवाने में खर्च हो जाती है। आपके खूंटे पर एक ही भैंस बंधेगी परंतु आपके जिम्मे दो भैंसों का कर्ज रहेगा। बीमा भी हर साल दो भैंसों का ही होगा। व्यावहारिक रूप में जांच के लिए देखने आने वाले को भी दो-दो भैंसें नजर आती रहेंगी। इसी बहाने भैंस के आगे बीन बजाने का आपका दूसरा पक्ष उजागर हो उठा होगा।

शराफत के अपने तकाजे हैं। एक मित्र जालंधर से नकोदर और नकोदर से जालंधर रोज बस से सफर करते हैं। बस का किराया साढ़े पांच रुपए है। मित्र यह कभी नहीं चाहते कि उनसे पांच रुपए लिए जाएं परंतु पैसे छुट्टे न होने की वजह से छः रुपए खर्च करना भी चुभता है। कंडक्टर से यदि पचास पैसे बाकी मांगते हैं तो वह इस तरह देखता है जैसे कह रहा हो कि आप तो अच्छे-भले शरीफ आदमी हैं, फिर ऐसी हरकत! शराफत तो आजकल बची ही नहीं।

मेरे पड़ोसी ने जब बीच की दीवार तोड़कर दुबारा बनवाई (वह पैसेवाले हैं अतः कुछ-न-कुछ तोड़ते-बनवाते ही रहते हैं, मसलन—कमरे, आभूषण और रिश्ते) तो हमारी नौ इंच की जगह अपने भीतर कर ली। जब मैंने इस बात का उनसे विरोध किया तो उन्होंने कहा—मैं तो आपको एक शरीफ आदमी समझता था, आप तो बड़े हज़रत निकले। नौ इंज जगह होती ही कितनी है। फिर आप तो कहा क़रते हैं कि पूरा भारत आपका है। इधर जो घर बना है, यह भी तो आपका ही है। आप जब जी चाहे इधर आ सकते हैं, चाय पी सकते हैं, वी.सी.आर. पर ढिशुम-ढिशुम देख सकते हैं।

ऐसा कहते हुए उन्होंने अपना घूंसा हवा में लहराया जिसका मतलब था कि शरीफ ही बने रहो, नौ इंज जगह की चर्चा भी मत करो, नहीं तो...

जमाना कितना भी संकटग्रस्त या दुविधाग्रस्त क्यों न बना रहे, शरीफों की जरूरत बनी रहेगी। पत्नी को शरीफ पति चाहिए, जो सुबह उठते ही बिस्तर में चाय पेश करे। पति को शरीफ पत्नी चाहिए, जो पान, सिगरेट और लॉटरी पर बर्बाद किए पैसों का हिसाब न पूछे। मकान मालिक को शरीफ किराएदार चाहिए। जब कहे, चुपचाप किराया बढ़ा दे। जब कहे, चुपचाप गठरियां बांधे और बाहर हो जाए। दफ्तरों को शरीफ बाबू चाहिए। कभी छुट्टी न मांगे, कभी ओवरटाइम

की बात न करे। जितनी बार जो स्टेटमेंट कही जाए, चपुचाप बनाता रहे, जरूरत पड़ने पर इल्ज़ाम अपने सिर ले ले। नेता को शरीफ जनता चाहिए। नीतियों का (चाहे वे कितनी भी जनविरोधी क्यों न हों) चुपचाप समर्थन करे और वोट उसी को दे जो कि उसके चुने जाने तक कीमती हैं।

शराफत के तकाज़े की एक निश्चित डगर है। उससे इधर-उधर होने वाले लोग शराफत से डगमगा जाते हैं। शराफत कहीं जाकर एक साधना हो जाती है। इसके लिए पहले रीढ़ की हड्डी निकलवा देनी पड़ती है। बाज दफे कुछ शरीफ आदमी शराफत के लिए पूरी उम्र होम करते देखे गए हैं। वे अपनी इच्छाओं का दमन करते रहते हैं, पिसते रहते हैं। ढोते रहते हैं दूसरों की आज्ञाओं का गट्ठर। प्रसिद्ध कहावत है कि शरीफ तो गधी भी होती है। परंतु यह कहना ऐसे शरीफ आदमियों का सरासर अपमान है। अच्छा यही होगा कि जिस पर जुल्म हो रहा है, उसके लिए अगर हमें थोड़ी बहुत शराफत का त्याग करना पड़े, तब भी करना चाहिए।

अब कुछ चर्चा उनकी भी हो जाए जिन्होंने शराफत छोड़ दी और बड़ा सुख पाया। संसार में कामयाब कहलाए और नम्रता-नमस्कार आजू-बाजू हो गए। लल्लू भाई भाग्यशाली रहे। पहले एक वक्त की रोटी होती तो दूसरे वक्त की चिंता सताने लगती। शरीफ क्लर्क थे बेचारे। न खाना आता था, न खिलाना। एक सुबह जागे और शराफत बिस्तर में छोड़ दी। सिनेमा की टिकटें ब्लैक करनी शुरू कर दीं। (उन दिनों सिनेमा हॉल में उल्लू नहीं बोला करते थे। पहले दिन पहला शो देखने वाले भाग्यशाली समझे जाते थे।) पकड़े गए तो एम.एल.ए. की शरण ली। यह एक ऐसा मौसम था कि मूल्यों की राजनीति धीरे-धीरे दम तोड़ने लगी थी। राजनीतिज्ञों ने गाय-भेड़-पालन की जगह गुंडा-पालन पर ध्यान देना शुरू कर दिया था। एम.एल.ए. खुद तो रुपए-पैसे से निर्लिप्त थे परंतु भाई-भतीजों को लाइसेंस लेकर देना, फैक्ट्री लगवाकर देना अपना परम कर्तव्य समझते थे। सो गले लगा लिया शरण आए हुए सिनेमा का टिकट ब्लैक करते भाई को। भाई का भाई से ऐसा महामिलन स्मरण कर आज भी आंखें शराफत से भर आती हैं। भाग्य पलटा। आज उनके पास क्या कुछ नहीं है! बंगला, गाड़ी, बैंक-बैलेंस, चेयरमैनशिप—खुदा का दिया सभी कुछ है।

पुल बनाने वाला, सरकारी इमारतों के ठेके लेने वाला, नेता के लिए रोज भीड़ जुटाने वाला कब तक शरीफ बना रह सकता है? अब यह शराफत को खाने वाला संक्रामक रोग पूरे देश में फैलता चला जा रहा है। धीरे-धीरे जिंदा रहने के लिए भी शराफत छोड़ देना जरूरी होने लगा है।

दूसरी पूजा

मुझे जब यह पता चला कि पूजा ने मुझे बुलवाया है तो मैं हैरत में पड़ गया। मैं तीन पूजाओं को जानता था। एक हमारी पड़ोसिन थी। दसवीं कक्षा में हम एक-दूसरे को किताबें दे दिया क़रते थे और मांग लिया करते थे। वह टी.वी. की फिल्म तो कभी छोड़ भी देती, परंतु सारे चित्रहार जरूर देखती थी। शायद उसे इससे कई फिल्मों का लुत्फ एक साथ मिल जाता था या सपनों का राजकुमार नीले घोड़े पर सवार दुलकी चाल से दीवारें लांघकर पास आता हुआ लगता। कुछ गाथाओं को छोड़ दें तो हमारी लड़कियां इस कदर शर्मीली होती हैं कि उनका सपना यहीं तक रहता है। वे हाथ थामकर सपने में भी घोड़े पर उस (राजकुमार) के साथ बैठने का साहस नहीं कर पातीं।

दूसरी पूजा कॉलेज के फर्स्ट ईयर में मिली थी। सर्दियों में नाक सुढ़कती रहती। राम-राम करती पाला काटती बाला। वह ऐनक लगाती थी। कॉलेज की हवा भी उसे नहीं लगी थी। ऐसी लड़की में चुंबक नहीं होता जो नज़र भी न उठाए। वह ज्यादा-से-ज्यादा बहन जी बनने योग्य थी। गली-मुहल्ले का 'भाई साहब, भाई साहब' उसकी जुबान पर हरदम रहता। दूसरे लड़कों की तरह मैं खुद उससे कतराकर निकल जाने की कोशिश में रहता। बहन जी तो पहले ही बहुत थीं।

तीसरी पूजा दूर की बुआ की बेटी थी। फूफा उसे हर हाल में संगीत सिखाना चाहते थे। वह खुद महान गायक होना चाहते थे परंतु चुंगी विभाग में क्लर्क होकर रह गए। गीतों की डायरी हर वक्त उनके झोले में रहती। लेकिन हमेशा इसका अवसर कहां होता कि वह गा पाएं। चुनांचे भारतीय संगीत निर्देशकों को गाली देते रहते कि उनमें कोई हीरा तलाशने अथवा तराशने का शऊर नहीं।

इसमें कुछ गलत नहीं था कि वह हालत से मजबूर और मशकूर होकर अपनी बेटी को मशहूर संगीतज्ञ बनाने का सपना देखते। गलत था पूजा के साथ।

वह रियाज की जगह प्याज काटना पसंद करती थी और संगीत की जगह ताकीद। उस दिन जब मैं उससे मिला वह इन पंक्तियों के सुर में बेसुर करने की कोशिश कर रही थी। गीत के बोल थे—

मैं हूं एक घुमक्कड़ गायिका
कंधे पर कांवर है
दो पोटलियां बंधी हैं
एक में सपने, एक में आशा
यही मेरा धन है।

वह इसे संगीत में साधना चाहती थी परंतु यह फिसला जा रहा था। उसने मुझसे कहा—पता नहीं किस नौसिखिए का संगीत है। इसमें क्या काटा जाए कि इस लय में फिट आ जाए। (लय हारमोनियम पर बजाकर दिखाई गई।)

मैंने कहा—पहली बात तो यह है कि काव्य पंक्तियां किसी नौसिखिए की नहीं हैं, सरोजिनी नायडू की हैं, यदि आपको कुछ पढ़ा हुआ याद है। दूसरी बात यह कि आपको यदि तर्ज निकालनी ही है तो इन्हीं पंक्तियों की निकालिए। काट-छांटकर इनकी आत्मा का हनन न करें।

जाहिर था कि उसे फिल्मी धुनों की तरह कफन के नाप का मुर्दा चाहिए था। थोड़ी देर बाद उराने भी अन्याय, उपेक्षा और गेरे कानों के रांगीतगय न होने पर आंसू बहाना शुरू कर दिया।

जब मुझे यह पता चला कि मुझे पूजा ने याद किया है तो स्वाभाविक था कि मेरे सामने तीनों पूजाओं का चेहरा घूम जाता और मैं सोचने लगता कि किस पूजा ने बुलाया है?

जिस भाभी ने मुझे यह संदेश देने के लिए बुलवाया था उनकी उस वक्त चाबी नहीं मिल रही थी और मुझे पूरी बात सुनने के लिए भाभी नहीं मिल रही थीं।

—भाभी, मुझे कहां पहुंचना होगा?

—चाबी खुद खो जाए तो पहुंचने में मुश्किल आती है।

—आप आराम से ढूंढती रहिएगा। मुझे बताएं कि पूजा ने कहां बुलवाया है?

—चाय पर बुलाया है। फिल्मी गीतों में शायद हमारी अधकचरी संस्कृति का पूरा कचरा छिपा है।

—लेकिन कहां?

—13, ग्रीन पार्क...अपने निवासस्थान पर।

ग्रीन पार्क जैसी पाश कॉलोनी में कुछ भी हो सकता है परंतु पूजा नहीं हो सकती। मैंने सोचा—पैसे की पूजा के सिवाय कोई पूजा वहां नहीं खप सकती। मुझे लगता था कि जहां सवा लाख रुपए में एक जगह आती हो, वहां ईमानदारी से पूरी उम्र रोटी कमाने वाला क्या खाकर रहेगा? इसलिए मैंने किसी पूजा (उन तीनों में से) के वहां होने की बात रद्द कर दी। मैंने भाभी की ओर देखा बात की सच्चाई जानने के लिए।

—तुम बैठते तो, बिजली होती तो तुम्हारे लिए हीटर जला देती। पानी होता नल में तो चाय पिलाती। इस सर्दी में इन दोनों के बिना कैसे चल सकता है।

—जितनी सूखी सर्दी पड़ रही है, उतने ही सूखे हैं ये विभाग। उन्होंने फिर कहा, लेकिन उनके चेहरे पर व्यंग्य नहीं था, सिर्फ परेशानी थी। बिजली-पानी के होते हुए बिजली-पानी के अभाव में जीने की।

कुत्ते की इच्छा हो न हो, मालिक उसे जरूर सैर करवाने ले जाता है, इसी तरह मेरी अज्ञात इच्छा मुझे ग्रीन पार्क लेकर चल दी। मैंने फटे जूते से बाहर उंगलियां, फ़टे कालर और बदरंग पतलून का वास्ता दिया परंतु मेरी एक न सुनी गई। मैं अवश अज्ञात डोर से खिंचा ग्रीन पार्क की तेरह नंबर कोठी के सामने खड़ा था और 'कुत्तों से सावधान' का बोर्ड पढ़ रहा था।

जब भी मैं ऐसा बोर्ड पढ़ता हूं मुझे अजीब-से ख़याल परेशान करने लगते हैं, जैसे वह कुत्तों का घर हो और लोग उसमें चुपचाप रहते हों। जैसे कुत्ते तो घर के चुप रहेंगे और लोग भूंकने लगेंगे कि हमने बेवक्त घंटी बजाकर उनके कुत्तों की नींद हराम कर दी है। बड़ी मुश्किल से सोए थे।

मैंने घंटी बजा दी थी। घंटियां बजाते-बजाते उम्र के छब्बीसवें साल में कदम रख चुका था। न नौकरी मिली थी, न जीने का कोई सहारा था। (असल में एक औसत भारतीय युवक उन्नीस की उम्र से ही बेकारी की मानसिकता में जीने लगता है।) भीतर से किसी के आने तक मैं पूजा नाम पर विचार करने लगा। मां-बाप इसीलिए यह नाम रखते होंगे कि कंजक बेटियों की अगले घर जाकर पूजा हो। परंतु बहुत कम ऐसा होता है। ज्यादातर लालच का तांडव ऐसा नाच करवाता है कि दहेज की कमी में जीवन को नरक बनाए रखता है। पूजा नाम रखने में प्रेमचंद के होरी द्वारा सोना और रूपा नाम रखने जैसा आग्रह लगता है।

नौकर ने जरा-सा दरवाजा खेला और कहा—

—क्या है?

—मैं समर हूं। पूजा...मेरा मतलब पूजा जी ने बुलाया था।

—ठहरो, अभी खबर करता हूं।

उसने मुझे सिर से पांव तक देखकर कहा। बड़े घरों के नौकरों में भी आदमी सूंघने-परखने की तमीज आ जाती है। किसको बाहर ही खड़ा किए रखना है और किसे लाबी में बिस्तर-सोफे पर जगह देनी है, यह वे अच्छी तरह समझ जाते हैं।

—आपको मेम साहब बुला रही हैं अपने कमरे में।

मैं समझ गया था कि विनम्रता 'अपने कमरे' की बात पर ही प्रदर्शित की जा रही थी।

मेरे आगे कदम बढ़ाने पर ही उसने फिर टोक दिया—रुको अभी। मोती! मोती! बकरे से ज्यादा ऊंचा एक काला कुत्ता उसके पास आ गया। मुझे देखकर जोर से उछला और भूंका। मैं घबराकर दीवार के साथ सट गया। 'मोती, अपने ही हैं, पूजा ने बुलाया है।'

पता नहीं कुत्ता यह बात समझा कि नहीं लेकिन सुनकर कुछ पहले से शांत लगा। 'चले जाइए बायीं ओर।' उसने मुझे कहा तो मैं खिसक लिया।

एक लड़की ने जब मुझे बुलाया तब मैं शायद कुत्ते के डर से मुक्त नहीं हुआ था।

लड़की गोरी काली आंखों और कंधे तक कटे बालों वाली थी। उसने जीन और काला ऊनी ब्लाउज पहना था।

—पहचाना?

—नहीं तो, ज़रा याद कर रहा हूं। मैंने सिर से पांव तक फिर देखा।

—नहीं याद आएगा। मैं पूजा हूं, तुम्हारे साथ फर्स्ट ईयर में पढ़ती थी।

—तो तुम दूसरी पूजा हो?

—क्या मतलब?

—कुछ नहीं, मैं सिर्फ याद कर रहा था।

मुझे याद आयी ऐनक लगाने वाली। सर्दियों में सुढ़-सुढ़ करने वाली लड़की।

—तुम्हारी ऐनक?

—मैंने लैंस लगवा लिए हैं, बुद्धू।

—यह कोठी?

—हमारी है, पच्चीस लाख की।

—तुम्हारे पापा तो...?

—क्लर्क थे। यही कहना चाहते हो न?...जब तीन महीने में आठ तबादले

हुए तो नौकरी छोड़ दी। (शराफत छोड़ दी, फिर फिल्मी नाम याद आने पर क्षमा)

—तीन महीने में आठ तबादले?

—जहां जाते वहां कोई और मंत्री, एम.पी., चेयरमैन की सिफारिश वाला कहीं और धकेल देता ताकि उसे अपना ही जिला मिल जाए।

—अब क्या करते हैं?

—मैरिज ब्यूरो और प्रॉपर्टी डीलिंग।

—क्या इन दोनों कामों में कोई फर्क नहीं लगता?

—फर्क? क्या फर्क है?

—हां-हां, क्या फर्क है भला। मैंने खिसियाकर कहा।

—अच्छा तो मैंने तुम्हें इसलिए बुलाया था कि मैं आजकल हैंग ग्लाईडर पॉयलट बनने की जबरदस्त इच्छा रखती हूं। उसने बांहें फैलाकर झूलते हुए कमरे में एक चक्कर काटकर कहा जैसे वह सचमुच उड़ रही हो।

—तो?

—मुझे तुम्हारी सहायता चाहिए। हम एक हैंग ग्लाईड़र युनिट बनाएंगे।

—मेरी सहायता? मैं उड़ना तो क्या, ठीक से चल भी नहीं सकता। मैंने जूते से बाहर निकली पैर की उंगली की ओर देखकर कहा।

—सब हो जाएगा। तुम हमारे साथ रहोगे तो जिंदगी चमक जाएगी तुम्हारी। उसने मेरे कंधे पर हाथ रखकर कहा। दोस्तो, अपनी जिंदगी चमकाने की बात से मैं इनकार न कर सका। आंखें झिपझिपाकर लालची निगाहों से देखने लगा।

—पूजा, एक बात बताओ। इस कोठी का पच्चीस लाख तुम लोगों ने कैसे बना लिया इतने कम समय में।

—रहे न बुद्ध के बुद्धू! अरे, हमने तो सिर्फ दो लाख रुपया खर्च किया है। डेढ़ लाख कब्जा लेने का। पचास हजार जाली रजिस्ट्री का। हो गए न दो लाख!

—लेकिन जिसकी इतनी बड़ी कोठी है, वह चुप कैसे रह जाएगा?

—मुकदमा क्या करेगा बेचारा! सामान हमारा फेंक नहीं सकता। हम लड़कियां शोर मचा देंगी कि इज्जत पर हाथ डालता है। फिर स्वतंत्रता संग्रामी का सर्टिफिकेट भी बनवा लिया है। राजनीति में भी कुछ लेन-देन है।

—लेकिन इसके लिए कोर्ट-कचहरी है।

—बीस साल तक केस का फैसला नहीं होगा। न होने देंगे।

—हां, इस पर तो मेरा ध्यान ही नहीं गया। मैंने सचमुच के बुद्धू की तरह

कहा।

—मोती! मोती! मैं तुम्हें अपने कुत्ते से मिलवा दूं।

—रहने दो, मैं मिल चुका हूं।

—नहीं, मैं परिचय करवा देती हूं। बहुत समझदार है हमारा मोती।

—वह दो टांगों पर चल लेता है।

—आदमी को दो टांगों पर चलने और हाथ मुक्त करने में हजारों बरस लगे थे।

—परंतु फिर भी न तो उसके हाथ मुक्त हुए, न वह दो टांगों पर ठीक से चल सका।

मुझे लगा कि मोती पिछली दो टांगों पर चल रहा है और मैं आगे के दोनों हाथ जमीन पर टेककर।

यह एहसास बड़ा भयानक था।

'ऐसा कब से हुआ?' मैंने खुद से प्रश्न किया। 'जब से जिंदगी चमकाने के लालच में तुमने पूजा का साथ देने को ठानी।' मुझे मुंहतोड़ जवाब मिला अंदर से।

लेकिन जमाने को देखते हुए फिलहाल मुझे दूसरी पूजा बाकी दोनों पूजाओं से सफल लग रही थी। उसमें गिरगिट की-सी क्षमता भी थी।

जेब का कटना

उस दिन हमारी जेब कट गई। जेब थी, कटनी ही थी। चुपचाप कट गई, जैसे पेड़ कट जाते हैं, पता नहीं चलता। कुल्हाड़ी की आवाज होती है। इतना बड़ा फूला-फला पेड़ कटने के बाद उठवा लिया जाता है। आप उठाईगीर को देख नहीं पाते। जेब कट गई जैसे ऊंचा रुतबा पाकर दोस्त कट जाता है। जैसे कैरियर की ओर देखने वाली प्रेमिका बेकार प्रेमी से बिना कुछ कहे नौकरी दिलवाने वाले का हाथ थामकर कट जाती है। जैसे नेता वायदों से कन्नी काट जाते हैं..बस कुछ इसी तरह जेब कट गई।

जेब राजा गार्डन के बस स्टॉप से एक चौक पहले कटी। मुझे वहीं उतरना था। बस जरा-सी रुकी थी। कंडक्टर कह रहा था—अच्छी किस्मत है तुम्हारी, जो बस रुक गई। जल्दी उतरो। यहां रुकती नहीं कभी। दिल्ली में सभी को जल्दी रहती है। सफर लंबा होता है और समय होता नहीं। काम बहुत होते हैं और जान अकेली। दिल बेचैन और इच्छाएं पहाड़। इसलिए सभी जल्दी-जल्दी होता है। जल्दी लड़का जवान हो जाता है। जल्दी उसे स्कूल में भर्ती करवा दिया जाता है। फीसों का मोटा बिल भरने की जल्दी। उसके लिए कैरियर चुनने की जल्दी। दम मारने की फुर्सत नहीं मिलती कि कितना कुछ जल्दी से हाथों से निकल जाता है। पंजाब के किसी शहर से गया आदमी भी वहां जल्दी के रंग में रंग जाता है। जल्दी-जल्दी में दूर से 'हलो' करना और हाथ हिलाकर निकल जाना सीख जाता है। या टेलीफोन नंबर देकर 'फिर मिलना' कहकर भागना तो सीख नहीं पाता, परंतु बस में जल्दी चढ़ना और जल्दी उतरना सीख जाता है, नहीं तो उसे घंटों मुंह बाए खड़े रहना पड़ता और टुकुर-टुकुर निहारते रहना होता है ऊंची इमारतों को, लड़कियों के उड़ते बालों को और तेज रफ्तार जिंदगी को।

लिहाजा कंडक्टर के आदेश पर जब हम उतर रहे थे, अपने आपको खुशकिस्मत मानते हुए कि न रुकने वाली बस भी हमारी वजह से रुक गई। उसी समय

हमारी जेब कट गई। हमने वहां कदम इस लिहाज़ से रखा था कि अब हमें दिल्ली में चलना आ गया है, तब तक जेब साफ हो चुकी थी।

जेब बड़ी सफाई से कटी थी। हुसैन रंगों के कलाकार हैं, रविशंकर सितार के, जगदीशचंद्र उपन्यास-लेखन के। परंतु इन सबसे अलग उस जेब काटने वाले की अपनी एक जगह है। हम जीवन में हुसैन, रविशंकर या जगदीशचंद्र के हाथ तो नहीं चूम सके, परंतु जब हमें पता चला कि हमारी जेब कट चुकी है और इस सफाई से कटी है कि हमें खबर तक नहीं हुई, तभी हमारा मन उस जेबकतरे की उंगलियां चूम लेने को हुआ—यह डर उतार फेंकते हुए कि आप लोग एक जेबकतरे को ऐसे सम्मानित कलाकारों में शुमार करने की बात पर जूतों से हमारी पिटाई कर सकते हैं।

दरअसल जब जेब कट रही थी हमें इसका कुछ पता नहीं था। कट चुकने के बाद भी जल्दी पता न चल सका। हम वहां से पता खोजते हुए उस व्यक्ति के दफ्तर तक पहुंचे जिससे हमें काम था। वह वहां नहीं था। हम बाहर निकल आए। हमारी नजर पी.सी.ओ. पर पड़ी। उनका फोन नंबर याद था। पी.सी.ओ. से उनके घर फोन किया। फोन कर चुकने के बाद जब पी.सी.ओ. वाले लड़के को पैसे देने को हुए तभी हमें पता चला कि जेब कट चुकी है।

बरसों से ऐसा होता चला आया है। सरकारी एजेंसियां, गैर सरकारी बिजनेसमैन, दलाल और दुकानदार सभी आपकी जेब काटते रहते हैं और आपको पता नहीं चलता। लाभ कमाने का सीधा फार्मूला है घटिया चीज़ दो, वजन में कम कर दो ताकि लागत कम आए और महंगे दामों बेच दो। यह तरीका भी चुपचाप जेब काटने का ही है। कानोंकान खबर नहीं होती। अंततः ये चीज़ें विकास कार्यों में सहायक सिद्ध होती हैं। इतने बड़े-बड़े थियेटर, बड़े-बड़े होटल, ऊंची-ऊंची इमारतें इसी तरह की श्रद्धाहीन चीज़ों पर टिकी हैं। आप घूसखोरी के दलाल को घृणा की नज़रों से देखते हैं, परंतु वह आदमी बंद दरवाजों, बंद खिड़कियों के बीच से हवा होकर निकलता है और गुप्त तरीकों से आपका काम करवा देता है। नीतिशास्त्र के तमाम सवालों के जवाब में उसका एक ही जवाब है—काम। काम, जो अन्यथा हो नहीं सकता था।

इस सब पर ज्यादा सोचना नहीं चाहिए। ज्यादा सोचोगे तो जेब तो कटेगी ही कटेगी। कोई आंत या दिमाग की नस कट जाने का भी खतरा बराबर बना रहेगा। लेकिन आदमी आदमी है। सोचे बिना रह भी नहीं पाता। चाहे वर्तमान सांस्कृतिक परिवेश में इसके कितने भी खतरे क्यों न हों। और फिर सोचने पर अभी तक कोई

कर भी नहीं देना पड़ता। कल सड़कों पर, चौराहों पर, पार्क में, रेलवे स्टेशन और बस स्टैंड पर एक मशीन फिट हो जाए, जिसके पास से सोचते हुए गुजरने पर लाल बत्ती जल जाए और अलार्म बजने लगे कि पकड़ो-पकड़ो, यह आदमी बिना वजह सोचता हुआ चला जा रहा है। जो योजना आयोगों के अध्यक्ष हैं, जो देश के बड़े-बड़े नेता हैं, जिन पर देश का भविष्य निर्भर करता है, वे तो कुछ सोचते नहीं, इसे सोचने की ऐसी क्या पड़ी है। ऐसा सोचने वाला शख्स कभी भी हानिकारक हो सकता है, तब आप क्या कर लेंगे?

यह स्वाभाविक था कि सबसे पहले हम सोचते कि हमारा नुकसान कितना हुआ है? जेब में दो सौ पचास रुपए तो वही तह कर रखे थे, जो हमारी पत्नी हर महीने हमें पॉकेट-मनी देती है (गरीबी में आटा गीला)। इसी में हमें कैंटीन का बिल अदा करना होता है, स्कूटर में तेल डलवाना होता है, पत्रिका खरीदनी होती है। आप हैरान होंगे कि इस महंगाई में इतने कम पैसों में इतना कुछ कर डालना करिश्मा करने जैसा है। बजा फर्मा रहे हैं आप, क्योंकि यह सब एक ही महीने में हो नहीं सकता इसलिए हमने इन खर्चों को अलग-अलग महीनों पर टाल दिया है। एक महीना स्कूटर में तेल डलवा लिया, अगले महीने कैंटीन का बिल चुकता कर दिया। पत्रिकाओं के मामले में कोशिश करें तो मुफ्त में ही मिल जाती हैं (इसलिए सभी जल्दी-जल्दी बंद हो रही हैं।)।

हां तो, दो सौ पचास रुपए वही थे। बिजली का बिल और दो सौ पचपन रुपए भी थे। श्रीमती ने जमा करवाने को दिया था। हमने सोचा था कि दो दिन की ही बात है, दिल्ली से लौटकर जमा करवा देंगे। एक सौ बीस रुपए लौटने का किराया और जलपान के लिए थे। गोया कि छः सौ पच्चीस की चपत लगा गया हमें कमबख्त। हालांकि उसे गाली देने को भी मन नहीं था। अरे, ड्राइविंग लाइसेंस और आइडेंटिटी कार्ड भी तो उसी जेब में था। वह भी गया।

अब हमारी विचलित होने की दशा होने की थी। इसलिए तुरंत छाती पर उस जगह हाथ रखकर टटोलना चाहा जहां फिल्मवाले दिल का शोर मचाया करते हैं। क्या घबरा जाना, तड़प, उठना, चिंतातुर हो जाना इसी अवस्था के नाम हैं?

हमने जीवन सुविधा की उसी शानदार उक्ति पर चलना चाहा—'जब कुछ न कर सको, तब दर्शन बघारना शुरू कर दो।' ज्ञानवान हो जाओ। ज्ञान से अंधकार मिटता है। भारतवर्ष की विशाल परंपरा है। गरीबी से लोग तड़प रहे हों, भूख से मर रहे हों, बेकारी में निराश युवक धक्के खा रहे हों, नेता ज्ञान से भरा हुआ ऐसा

भाषण देते हैं कि जनता 'नेता शरणम् गच्छामि' कहती भागी चली आती है। स्वामी जी भी कहा करते हैं, 'दुःखी आदमी को मारो ज्ञान का बाण', तभी मुक्ति होगी। ज्ञान की बात यहां यह नहीं थी कि पैसा न तुम्हारे साथ आया है, न तुम्हारे साथ जाएगा...यहां इसका सटीक अनुवाद था, 'पैसा दिल्ली तक तुम्हारे साथ आया था लेकिन साथ न जाएगा।' (जेबकतरे की वजह से) और फिर कब क्या हो जाए (दिल्ली में), कुछ कहा नहीं जा सकता। भगवान की माया—कहीं धूप, कहीं छाया (धूप जेबकतरों की जेब में, हमारी जेब में सिर्फ छाया।)

दर्शन छोड़िए, इस धरती पर आइए। जनाब, उस जेब में आपका आइडेंटिटी कार्ड यानी पहचान-पत्र भी था, भीतर से किसी ने आवाज दी। हां, यह तो बड़ी गड़बड़ है, बहुत बड़ी क्षति...जिस शख्स की पहचान चुरा ली जाए उसका तो सारा किया-धरा गया। पहचान पहचान-पत्र के बिना आजकल होती नहीं। पहले का जमाना तो रहा नहीं कि एक दसवीं पास हो तो चार गांवों में उसकी चर्चा होती थी कि फलां का लड़का दस जमातें पास कर गया। भारत की नई-नई अखंड स्वतंत्रता थी, कहीं भी आने-जाने में रोक-टोक नहीं थी। आज किसी दफ्तर में पहचान-पत्र के बिना कोई घुसने नहीं देगा। और फिर पहचान-पत्र पास न हो तो उस आदमी और जेबकतरे में फर्क क्या है? यह भी हो सकता है कि पुलिस का कोई कर्मचारी आते-जाते रोक ले और कहे कि अपना पहचान-पत्र दिखाओ नहीं तो कौन यकीन करेगा कि तुम इस देश के भी हो या नहीं। उन साहब को हमारा पहचान-पत्र तो लौटा देना चाहिए था।

और लाइसेंस... उसके बिना स्कूटर कैसे चलाएंगे? पुलिसवाले किसी दिन स्कूटर सहित अंदर कर देंगे। स्कूटर के टायर-ट्यूब बिक जाएंगे और आपके जूते-कपड़े। जब थाने से किसी तरह बाहर निकलोगे तो न स्कूटर चल सकेगा, न आप।

बिजली का बिल?...उसे मारो गोली। जब तक वे लोग आकर घर की बिजली नहीं काट जाते तब तक इस गम को भुलाया जा सकता है...और फिर उजाले की इस डकैत परंपरा की जगह आदिम रात्रि का (जेबकतराकृत) अंधेरा भला।

उसी समय हमारा मन जेबकतरा बाबू से निवेदन करने का हुआ—'बाबू साहब, आप जोखिम उठाए बिना (जोखिम तो सिर्फ हम जैसों के भाग्य में बदे हैं) जिस सफाई से जेब साफ़ करते हैं, उसके लिए आप बधाई के पात्र हैं। मेरा सिर्फ इतना निवेदन है कि मेरा पहचान-पत्र, स्कूटर का लाइसेंस, जोकि आपके

लिए बेकार है और आप उसे 'फेंकें कहां' की समस्या से दो-चार हैं, लौटा दें।...आप सिर्फ एक रुपए का टिकट लगाकर भेज दें। समझिए कि छ:सौ पच्चीस की जगह छः सो चौबीस ही निकले।...फिर भी अगर आप अगली मुहिम में जुटे हों और आपके पास समय न हो (क्योंकि आपको पुलिसवालों को भी कुछ देना होगा न) तो आप हमारे पते पर बैरंग भेज दें। हमारा पता है....

इस घटना के बाद हमारी पुलिस में जाने की हिम्मत नहीं थी। इतने पैसे भी कहां थे। जेब तो पहले ही कट चुकी थी, फिर जेबकतरे की बजाए पुलिस चौकी में खुद को जेबकतरा बना दिए जाने का डर था।

लिहाज़ा लौटकर बुद्धू घर को आए। जब जेब का कटना छिप न सका तो तमाशा बना दिया गया।

एक मित्र ने गंभीरता से कहा—'आप दिल्ली जाएं और आपकी जेब न कटे, यह हो नहीं सकता।'

दूसरे मित्र ने इसे अंतर्राष्ट्रीय समस्या के साथ जोड़ते हुए कहा—'भाई, राजधानियां जेबें काटने में उस्ताद होती हैं।'

एक ने कहा—'अच्छा होगा कि आप इस ओर से ध्यान हटाओ और पैग-शैग पीकर सो जाओ।'

ध्यान हटाने वाली बात में दम था। हम शुरू से यही करते आ रहे थे। तमाम मुसीबतें अपनी जगह मौजूद थीं, हमने सिर्फ ध्यान हटा लिया था। अन्याय सहते लोगों के साथ न चल पाने का अपराध-बोध होता है तो पत्नी के साथ चाट-पकौड़ी खाने चले जाते हैं। जुल्म होता है तो भाग्य-फल बंचवाने चल देते हैं। पत्नी का एक सूट घिसकर बदरंग हो गया था, हमने उनसे कह दिया, 'इस सूट में तो आप बेहद खूबसूरत लगती हैं, उन्होंने उस सूट को न तो उठाकर फेंका, न उसके बदले स्टील की कटोरी ली, मुस्कराकर बार-बार पहनती रहीं। मध्यवर्ग का आदमी दोतरफा धक्के खा-खाकर यह बात आसानी से सीख जाता है। वह अपने दर्द से ध्यान हटाने लगता है, क्योंकि उसका तो कुछ-न-कुछ रोज़ खोएगा। रोज़ दर्द होगा। रोज़ अस्पताल में तो भर्ती हो नहीं सकता बेचारा। कुछ खोने पर दुख न हो, इसकी मौलिक आदत बना लेनी चाहिए या फिर जेब काटते ही दूसरे की जेब काटना सीख लेना चाहिए।

मैं ये दोनों काम न कर पाया इसलिए परेशान रहा। घर की बिजली की सप्लाई लाइन कट गई, मैं परेशान रहा। लाइसेंस न होने से चालान हो गया। अपने घर के पास ही जब मैं स्कूटर चलाकर देखने का प्रयास कर रहा था कि

लाइसेंस के बिना यह चलने से इनकार तो नहीं कर देगा? मैं परेशान रहा।

यह परेशानी तब और भी बढ़ी जब संवेदना प्रकट करने आने वाले मित्रों-रिश्तेदारों का तांता लग गया। महीने का राशन हफ्तेभर में खत्म हो गया। पत्नी ने डांटकर कहा—'एक बार जेब कटी सो कटी, यह रोज़ किस्तों में जेब कटवाने की क्या तुक है? जेब कटने पर हमारी आचार संहिता में कोई शगुन डालने नहीं आता, समझे?'

हमारी समझ जवाब दे गई थी परंतु हम डाक की प्रतीक्षा जरूर कर रहे थे। लगता था कि जेबकतरे तक हमारा न भेजा गया विनय-पत्र पहुंच गया होगा और वह पैसों के अलावा बाकी चीज़ें फेंकने की बजाय डाक से भेज देगा।

ठांय-ठांय

रात के साढ़े बारह बजे होंगे। गली के आवारा कुत्ते भी सोने की तैयारी में थे। दूसरे मुहल्ले के भौंकनेवालों का जवाब दे चुके थे। नींद चारों तरफ तारी थी। उन दिनों हम लोग तिमंजिले पर रह रहे थे। अचानक घंटी बजी। घंटी बजने का अंदाज कुछ ऐसा था कि बजाने वाला उंगली हटाना ही भूल गया हो। मेरे जाग कर पूछने से पहले कि कौन है, दूसरी मंजिल वाले और सामने के घर के सभी लोग खिड़कियों से झांक रहे थे।

—हम हैं पराग। नीचे पान थूकने के बाद आवाज आई।

—जाइए, आपके मित्र आए हैं। पत्नी ने कुर्ता थमाकर कहा—कृपया इस वक्त मुझे चाय बनाने को न कहें। मेरी पीठ में पहले से ही दर्द है। सुबह फिर पांच बजे उठना होगा, बच्चों को स्कूल भेजने के लिए।

—ओफ्फोह! भई, शायद उन्हें कुछ खास जरूरत है।

—जानती हूं खास जरूरत, कोई नई ग़ज़ल-व़ज़ल उतरी होगी। उधर घंटी फिर बजनी शुरू हो गई थी। जैसे यह इत्मीनान न हुआ हो कि पहली लंबी घंटी सुनकर भी अगला सो तो नहीं गया।

मैं भागता हुआ नीचे आया। पहली मंजिलवाली आई जी और पापा जी मुझे किसी अपराधी की तरह देख रहे थे।

पराग आराम से अलग खड़े थे। घंटी बजाने वाला कौन था, हम समझ नहीं पाए। अंधेरे, नींद और परेशानी में पहचानने में दिक्कत हो रही थी।

—इतनी जल्दी सो जाते हैं आप? अजनबी ने सख्त परेशानी में कहा।

—जल्दी?...साढ़े बारह बज चुके हैं जनाब।

—समाज में इतना कुछ हो रहा है और आप सो रहे हैं? मैंने दोनों हथेलियों से आंखों को मला।

पराग ने मेरे कंधे पर हाथ रखा और मुझे खींचता हुआ-सा आगे ले गया।

मैंने ऊपर देखा—पत्नी और बेटी खिड़की से झुककर मुझे और मेरे अतिथियों को देख रही थीं।

—पूरे देश में जज्बातों की ही नहीं, लोगों की सचमुच हत्याएं हो रही हैं। डाके पड़ रहे हैं, इज्जत लुट रही है। और ये महाशय किस आराम से सो रहे हैं, जैसे कोई चीज़ इन्हें छू न पाती हो। पराग ने बात को आगे बढ़ाया। पराग बहुत घुन्ना है, यह तो मैं जानता था परंतु आज वह किस हरकत का बदला ले रहा है, यह समझ न आया। मैंने तो उसकी किताब का कभी रिव्यू भी नहीं किया था।

थोड़ा आगे हलवाई की दुकान थी। उसकी भट्ठी अभी गर्म थी। उसके पास के चबूतरे पर बैठते हुए पराग ने कहा—इनसे मिलो, ये हैं हवाएं।

मैंने अजनबी से हाथ मिलया। कोने की ट्यूब लाइट जल रही थी। वह बहुत ही दुबला-पतला था, जरा-सी तेज हवा में उड़ता नजर आने वाला। वैसे भी बात करते हुए पेंडुलम की तरह झूलता रहता 'इत आवत चली जात उत' की तरह, शायद इसीलिए उनका नाम हवाएं था।

—मार्क ट्वेन बिस्तर में लिखते थे, विक्टर ह्यूगो खड़े होकर, इनकी खूबी यह है कि मेज के नीचे घुसकर लिखते हैं।

मैंने पराग के शरारती होंठों की ओर देखा।

—उस दिन तो श्रीमती...हवाएं ने प्रतिवाद करना चाहा।

—अच्छा तो जिस दिन श्रीमती नाराज होती हैं, उस दिन मेज के नीचे घुस जाते हो और लिखते रहते हो।

पराग पूरी तरह धुलाई पर था।

—लिखता तो मैं हर वक्त रहता हूं। जंब मैं नहीं लिख रहा होता या न दिखने में सो रहा होता हूं, तब भी।

—आप लिख क्या रहे हैं? मेरे मुंह से निकला। दरअसल मैं सोच रहा था कि उनके बारे में अपनी अनभिज्ञता कैसे छिपा लूं?

—इन्होंने इन दिनों एक नॉवेल पूरा किया है। पराग ने कहा। इससे पूर्व कि मैं श्रद्धा से भर जाता, हवाएं ने कहा—आपने मेरे नॉवेल का नाम नहीं पूछा?

—मेरे मन में यही प्रश्न था।

—नॉवेल का नाम है 'ठांय-ठांय'।

—जिस नॉवेल का नाम ही 'ठांय-ठांय' है, सोचो उसमें कितनी गोलियां चली होंगी। पहले ही चैप्टर में तीन खून हो जाते हैं। पराग ने पूरा मजा लेते हुए कहा।

—तीन नहीं, चार। हवाएं ने संशोधन करते हुए कहा।

—यह आपका पहला नॉवेल है?

—नहीं, दूसरा। पहला था 'रातों का कातिल, सुबह का अफसाना'।

—वह इनके नाम से नहीं छपा। पाराग ने मुस्कराते हुए कहा।

—तीन साल...तीन साल तक मैं उसे बगल में दबाए प्रकाशकों के चक्कर लगाता रहा।

—यह जो सीरीज चलती है न मासिक जीरो-जीरो बीस, उसी में छपा है। पराग ने कहा।

—हां, लेकिन नॉवेल तो मेरा ही रहेगा न।

—वह कैसे?

—मैं धीरे-धीरे सभी को बता दूंगा। भंडा फोड़कर रख दूंगा। हवाएं उत्तेजित हो गया, कोई सस्पेंस खोलता हुआ-सा।

—परंतु उसके इन्हें तीन हजार मिले।...तुम्हें कभी मिली है इतनी रकम अपनी किसी किताब से?

—नहीं। मैंने अफसोस से कहा।

—'ठांय-ठांय' को यह और भी महंगा बेचेंगे।

—उन पैसों की आपने किताबें खरीदी होंगी।

—एक हजार का जूता और बाकी की शराब। ज़िंदगी में अच्छे जूतों की बहुत अहमियत है।

—आपने कभी उन जूतों के बारे में सोचा है जो सचमुच में तो नहीं बरसते, परंतु बरसते जरूर हैं।

—क्या मतलब?

—तुम लोगों को स्वस्थ और सुंदर जीवन जीने की प्रेरणा देने की बजाए उन्हें अपराध और हत्या की तरफ धकेल रहे हो। क्या तुम्हें इतना भी पता नहीं?

पता नहीं यह उखड़ी हुई नींद थी या सचमुच की भीतर पसरी कोई परेशानी कि मुझे यह भी ख़याल न रहा कि वह मुझे पहली बार मिला था और एक तरह से पहली बार मेरे घर आया था मेहमान था।

—नहीं, इसमें एक फर्क है। ये अपराध संबंधी उपन्यास बड़ी तल्लीनता से लिखते हैं—एक खास तरह की कलात्मक काट के साथ। खाकी कागजों पर छपे उन बाजारू उपन्यासों की तरह नहीं।

पराग ने थोड़ा बचाव की कोशिश की। शायद जो शराब उसके पेट में थी उस पर भी जासूसी नॉवेल के पैसे की मुहर थी।

—पराग भाई ठीक कह रहे हैं। हवाएं ने मुर्गे की तरह गर्दन फुलाते हुए कहा।

—यानी तुम ज़हर बड़ी खूबसूरत बोतल में परोसना चाहते हो...तुम से तो वे जनतांत्रिक सरकारें भलीं जो सिगरेट बेचने पर तो रोक नहीं लगातीं, अलबत्ता उस पर एक बारीक लिखावट में चेतावनी लिखवा देती है—सिगरेट सेहत के लिए हानिकारक है। ये कम-से-कम अपनी वस्तु के घातक होने पर सचेत हैं, बेशक यह सब जवानी जमाखाता है, परंतु तुम तो उनसे भी गए-गुजरे हो...एक तो अपने माल में, उसे माल ही कहूंगा, (मैंने पराग को भी लपेटते हुए बात पूरी की)...तुम अपने माल की गुणवत्ता नहीं जानते, दूसरे के घटियापन को ग्लोरीफाई करते घूम रहे हो, यह कहां की शराफत है?

अब यह सीधा हमला था। हवाएं तो क्या, पराग को भी तिलमिलाना चाहिए था।

—मेरे पास इतना बड़ा पाठक वर्ग है...। तुम लोग मेरी ख्याति से जलते हो। हवाएं ने उभरने की चेष्टा की।

—तब तुम उन पत्रिकाओं के लिए क्यों नहीं लिखते जो प्लास्टिक के कवर में आती हैं और जिन पर एक 'पिन' लगा होता है। पैसा तुम्हें इससे ज्यादा मिलेगा। कला का बहाना तुम वहां भी लगा सकोगे। समझ नहीं आता इस आड़ में कौन-सा शिकार करना चाहते हैं आप लोग...आप तो गाली को भी कला बना सकते हैं, परंतु इस सबसे होगा क्या?

—देखो, हवाएं भाई...पराग ने बीच-बचाव करने की कोशिश की परंतु इससे पहले ही हवाएं बोल उठा- एक बड़े साहित्यकार की अच्छी रचना से आप क्या समझते हैं?

मैंने उसकी पैंतरेबाजी को बिना समझे कहना शुरू किया।

—एक बड़े साहित्यकार की रचना जब वर्तमान की बात करती है उसमें से समाज का भविष्य नज़र आता है। बड़ा साहित्यकार...उसने मेरी बात को बीच में काटकर कहा—तुम लोगों को मेरी रचनाओं में समाज का भविष्य नज़र नहीं आता? 'ठांय-ठांय' जैसे उपन्यास में अपने वर्तमान समाज का भविष्य?

मेरी हालत उड़ते हुए जहाज के ईंधन की आखिरी बूंद तक चुक जाने की थी।

मेरी बीवी और बच्ची ऊपर की मंजिल के बारजे पर टंगी मेरी प्रतीक्षा कर रही थीं और मैं घर लौट पाने में असमर्थ।...धांय-धांय की आवाज आयी और सूने आकाश में कोई परिंदा चीख उठा।

हवाएं और पराग दोनों की उतर गई थी। वे अब ठन्न होना चाहते थे।

शर्म-बेशर्म

एक अफसर ने पहली बार रिश्वत खाई। नए-नए अफसर बने थे। पहले चुगली खाते रहे, गाली खाते रहे, डंडे भी खाते रहे और प्याज भी खाते रहे, परंतु रिश्वत खाने का अवसर ही नहीं मिला था तो खाते कैसे? छोटे पद पर थे तो कोई घास भी नहीं डालता था। बड़े पद पर पहुंचते ही रिश्वत ने द्वार पर गुलाबी-सी सुबह जैसी दस्तक दी जैसे विवाह के बाद होले से पहले सर्दी आंगन में उतरती है।

रिश्वत सामने थी। पहली बार के पिया-मिलन की तरह, न 'न' करते बना, न 'हां' करते बना। शायद न और हां के बीच देर तक रुके रहते कि रिश्वत जेब में चली आई।

उन्हें बड़ी शर्म आई। दफ्तर से छुट्टी ले ली। पूरा दिन घर से नहीं निकले। इतना शर्माए कि पनवाड़ी की दुकान तक नहीं गए कि कहीं वह पान के बहाने रिश्वत न दे-दे। पत्नी के नए क्रॉकरी सेट और चाय-बिस्कुट को भी रिश्वत के संदेह से देखते रहे। शाम को सैर करने भी नहीं गए कि कहीं पार्क के हरे भूरेपन में रिश्वत न छिपी हो। इसके होने के आसार चलती हवा में भी हो सकते हैं। आजकल हवा भी कुछ ऐसी चलती है कि...।

रात को कुछ पुराने अफसर से भेंट हो गई। उनका रिश्वत से ऐसा घनिष्ठ संबंध हो चुका था जैसे सिक्के पर भारत सरकार की मोहर। पुराने रिश्वत-खोर थे। तनख्वाह का पैकेट खोला भी नहीं होता कि महीना गुजर जाता। घर में टी.वी., फ्रिज, ए.सी., अलमारियां, कुकिंग रेंज—सब कुछ पर इसी प्रकार के पैसे की एकदम चमक थी। उच्च मध्यम परिवारों में सबसे ज्यादा खर्च बेटी के विवाह पर होता हे, परंतु उनका अनुभव कुछ अलग रहा। दिल्ली के होटल का बिल देने के बाद भी पंद्रह हजार बचे थे और गांठ से एक पैसा नहीं गया था। सारी व्यवस्था ठेकेदारों ने ही कर दी थी। तोहफे इतने आए थे कि बेटी की ससुराल वालों की आंखें चकाचौंध हो गई थीं। उन्हें रिश्वत देनी और लेनी आती थी।

उन्होंने नए अफसर को दीक्षित किया—सब से पहले शर्म की इस लोई को उतार दो और उड़ जाने दो हवा में। यह किसी काम की नहीं। घोड़े की घास से यारी करवा देती है।...मेरे भाई, तुम इस पैसे को रिश्वत क्यों मानते हो? यह भाग्य है। तुम्हारे भाग्य में यह पैसा इसी तरह आना था। परंतु स्टार कुछ ऐसे थे जो रोक रहे थे। अब तुम्हारी एक की जगह चार तनख्वाहें तो हो नहीं सकतीं। परंतु तुम्हारे लक में पैसा इतना ही है तो वह इसी तरह नीचे-ऊपर होकर आएगा न...!

उन्होंने प्रभावित होकर अपनी शर्म की लोई को उड़ जाने दिया। हवा पश्चिम की ओर जाने वाली थी। लोई उधर ही उड़ती जाती महसूस हुई। पूर्व के प्रभाव में शर्म उतरते हुए देर लगती है, पश्चिम में देर नहीं लगती उतरते। यहां जो चोटी को गांठ दिए रहते हैं, वहां जाते ही कटवा देते हैं। जनेऊ उतर जाता है। यहां घर में अंडा लाते शर्माते हैं, वहां बीफ से भी संकोच नहीं करते। हमारी मामी यहां बेहद शर्मीली थीं। मामा कनाडा से आए थे। कनाडा ही लौट जाना था। सभी सोचते कि कैसे चलेगा। मामी के तो पैर का अंगूठा भी साड़ी से बाहर नज़र नहीं आता। कनाडा जाने के एक हफ्ते बाद ही उन्होंने फ्राक पहने फोटो खिंचवाई और मामा ने शरारत में उनसे बिना पूछे भारत में भेज दी। सभी हक्के-बक्के ही तो रह गए थे।

अब सुकेश जी की ही बात ले लो। नए-नए कहानीकार हुए थे। बड़े उत्साह से जो कुछ देखा होता टीप देते और कोने में 'यथार्थवादी कहानी' लिख-कर भेज देते। परंतु संपादकों के कानों पर जूं तक नहीं रेंगी। एक-एक करके सभी पत्रिकाओं से कहानियां लौटकर आने लगीं (सिर्फ वहां से नहीं लोटी जहां उन्होंने डाक टिकट लगा लिफाफा नहीं भेजा था।) पत्नी अलग बिगड़ती—इस मुंहजले साहित्य के लिए समय बर्बाद करने की जरूरत क्या है!

उन्हें इस निराशा में एक बात सूझी। सुकेश जी खुद बेशर्म हो गए। उन्होंने उन्हीं कहानियों की नायिकाओं को थोड़ा बेशर्म कर दिया। कहानियां सभी पत्रिकाओं में तो नहीं परंतु एक पत्रिका में जरूर छपने लगीं और मेहनताना जूतों की तरह बरसने लगा।

हमारे नए-नए दीक्षित हुए अफसर ने शर्म उतार दी। पहले दफ्तर से सीधा घर आते थे, अब सीधा क्लब जाने लगे। पहले दारू छूते भी नहीं थे। अब कुछ दिनों में ही पीने-खाने लगे। परंतु अभी भी कुछ शर्म बाकी थी। जिससे पैसा लेते, उसका काम करना जरूरी समझते। जब तक काम न हो जाता, चिंतित रहते। दिल के किसी कोने में शर्म के अवशेष अभी थे। पुराने अफसर से जब दुबारा भेंट

हुई, उन्होंने कहा—समुद्र पी जाओ परंतु होंठों पर एक बूंद तक न छलके। जिससे रिश्वत खाओ, उसे घूरकर देखो। चेहरा गंभीर बना रहे। कृतज्ञता का नामो-निशान न हो। घूरकर खाओ। खाते हुए घूरते रहो जरा गुस्से से। ऐसे पक्के बेशर्म हो जाओ जैसे लगे कि पैसा लेकर तुम उन पर एहसान कर रहे हो।...रिश्वत को रिश्वत न रहने दो, कुछ और बना दो। निष्ठा बना दो, संभव हो तो मौलिक कर्तव्य बना दो जिसे करते हुए आदमी को आगा-पीछा नहीं झांकना पड़ता। वह बस सिर्फ कर्तव्य ही पूरा करता है।

नया अफसर रिश्वत जैसे पुण्य कर्म के बारे में ऐसा दर्शन सुनकर चकित रह गया। पुराने अफसर के सामने विनम्रता से झुक गया।

अफसर चिल्ला उठा—असफल...असफल! तुम अभी तक असफल हो। अरे भाई, विनम्रता का नाम तक नहीं होना चाहिए। अर्थ-व्यवस्था की धार पर सख्त कदमों से ढीठ होकर नाच करोगे तो सुखी रहोगे।

एक नए शायर ने चार ग़ज़लें लिखते ही कहा कि गालिब का नाम तक मिटा देंगे। शम-ए-महफिल अपने सामने रख-रखकर जब बीस ग़ज़लें लिख लीं तो थोड़ा और बेशर्म होते हुए प्रकाशक को जा घेरा। कहा कि अमुक कॉलेज के प्रिंसिपल उनके होने वाले श्वसुर हैं इसलिए उनकी ग़ज़लों की पुस्तिका छाप दें, नहीं तो पचास हजार की पिछली पेमेंट दो साल नहीं होगी और आगे आर्डर नहीं मिलेगा। छप जाने की अवस्था में तीन सौ कॉपी खरीदने के लिए वह वचनबद्ध थे। बेशर्मी के अगले सोपान पर जाकर उन्होंने कई इनाम हथियाए और दारू की संगत में शहर के सबसे चर्चित शायर हुए। इतना ही नहीं, उन्हें अमर हो जाने का ख़याल भी था इसलिए शेर कहने से पहले यह कहना न भूलते, 'जमाना बड़ा संगदिल है यह मीर, साहिर और 'माहिर' को भुला देगा। माहिर उनका अपना उपनाम था।

भारत में ही एक प्रसिद्ध तस्कर हुए हैं। थोड़ा बेशर्म होने पर उन्होंने बयान जारी कर दिया था, 'अपना हिसाब बिल्कुल साफ है। जो पकड़ लिया गया वह पुलिस का (मतलब सरकार का), जो नहीं पकड़ा गया वह हमारा।'

चाय, मसाले आदि में मिलावट करने वाले सज्जन पुरुष थे कर्मचंद। थोड़ा बेशर्म होकर राजनीति में चले गए। एक सच्चे नेता से उन्होंने सुना था कि दूरदर्शिता, साहस, ईमानदारी और प्रगति के गुण होने चाहिए। उनमें दुस्साहस और बेईमानी स्वाभाविक रूप से थीं। प्रगति के लिए वे प्रतिगामी थे और दूरदर्शिता को उन्होंने विदेशी बैंक भरने के लिए इस्तेमाल किया। ठेट-बचपन से ही जानते थे कि

जिसने की शर्म उसके फूटे करम। जिसने की बेहयाई उसने खाई दूध मलाई। अपने जीवन में इसी बल-बूते उन्नति की। मुहल्ले के चौधरी होने से लेकर आबकारी मंत्री तक का पद हथिया। खूब उद्‌घाटन किए और खूब धन कमाया। जब अखबारों ने उनके भ्रष्टाचार की कहानी का भंडाफोड़ किया, उन्होंने भरपूर बेशर्म होते हुए कहा, 'मेरी आत्मा साफ है, एकदम पवित्र और बेदाग। मैं त्याग-पत्र नहीं दूंगा, न किसी नैतिक-अनैतिक आधार पर, न किसी आयोग को कोई सफाई दूंगा।'

सत्तर साल की उम्र तक वे जवान दिखते रहे। उद्‌घाटन करते रहे, उत्सवों में बच्चों के गाल थपथपाते रहे। महिलाओं और निम्न जातियों पर हो रहे अत्याचारों पर मगर के असली आंसू बहाते रहे। अपने बेटे को राजनीति में उच्च पद पर आसीन करवाया और अपना श्राद्ध खुद ही करवाकर इस नश्वर संसार से विदा ले गए।

एक हमारे अध्यापक थे राधेकृष्ण। उम्रभर बेशर्म नहीं हो सके। बदलते हुए हैडमास्टरों के गले में फूलमालाएं डालते रहे। जब तक अपने गले में फूल माला डलवाने का समय आया, दिमाग की नस फट गई। दिमाग की नसें बेशर्मी से बदलते हुए ढांचे के साथ साथ बेशर्म होने से रह गई थीं।

हमारे नए अफसर तो आजकल लंच या ब्रेकफास्ट लेते हुए भी पत्नी तक को घूरकर देखते हैं। उसे भी घूरकर देखे जाना ऐसा बुरा नहीं लगता, क्योंकि घर में कई तरह के उपहार और कई तरह से धन आ रहा था इसलिए अब आस-पड़ोस के बंगलों की महिलाओं में उनकी चर्चा थी। वह अपने पति को पहली बार सच्चे पुरुष के रूप में देखने लगी और शासित होने में भी सुख का अनुभव करने लगी बेचारी जनता की तरह।

अफसर यह तो भली प्रकार स्मरण रखते हैं कि किस की ओर से उनकी खिदमत में हाजिरी नहीं लगवाई गई, परंतु काम के संबंध में भूल जाते हैं। बड़े लोगों को जैसे 'भूल जाना' शोभा देता है, उन्हें भी सौभाग्यमान करने लगा है। आजकल उनका ब्रह्मवाक्य है, 'अरे! मुझे याद ही नहीं रहा' या फिर 'मुझे याद क्यों नहीं दिलाया?' अत: अब काम के होने-न होने की जिम्मेदारी भी उन पर नहीं रही, जिसके लिए उन्हें पैसा और अनाप-शनाप के उपहार दिए गए। बेशर्म होते चले जाने में लाभ-ही-लाभ हैं।

मधु मुस्कान

मैं शुरू में ही अपनी गलती मान रहा हूं।

उसने जब यह कहा कि संस्कृति का विकास सिर्फ इसलिए हुआ है कि समाज ने अपने ज्ञान के स्रोतों को संभाले रखा है, तब मुझे मुस्कराना नहीं चाहिए था।

मैंने सुन रखा था कि जब तुम कहीं कमेंट करने की स्थिति में नहीं होते तब तुम्हें सिर्फ मुस्करा देना चाहिए।

जो व्यक्ति मुझसे संस्कृति की बातें कह रहा था और जिसके मुंह से संस्कृति शब्द सफेद झूठ की तरह निकल रहा था, बड़े काम का था। आप दरिया में रहकर मगर से बैर करें तो कोई बात नहीं, परंतु उससे न करें, क्योंकि वह कब खुद दरिया हो जाए, इसकी कुछ खबर नहीं थी।

उसकी पहुंच हर दफ्तर तक थी। किसी का कोई काम न हो रहा हो, वह करवा देता। फाइल अगर पांच सौ मीटर गहरी खंदक में गिरी हो तब भी निकाल लेता। उसे सभी की रेट लिस्ट जुबानी याद थी। ''चपरासी के पांच रुपए, क्लर्क के बीस, बड़े बाबू के पचास और अफसर के पांच सौ, कुल कितने हुए पांच सौ पचहत्तर...निकालो पांच सौ पचहत्तर...शाम को घर आकर अपना कागज ले लेना। देखो बीस रुपए स्कूटर के तेल के और एक सौ रुपया हमारा सर्विस चार्जेज लाना न भूलना...घर की बैठक में मेरी पत्नी की मधु मुस्कान और एक कप एस्प्रेसो कॉफी तुम्हारा कागज के साथ स्वागत करेंगे।''

मनी मार्केट के ऐसे दिग्गज पुरुष के सामने मेरी टके के भाव बिकने वाली मुस्कराहट का कोई मतलब भी नहीं था। परंतु मैं बचपन से सुनता आ रहा था कि मुस्कान कुदरत की बड़ी नेमत है—जैसे रंग-बिरंगे फूल। इसमें आपका कुछ खर्च नहीं होता परंतु जिसे यह मिलती है वह कितना कुछ पा जाता है। उसकी कई मुश्किलें अपने आप आसान हो जाती हैं। वह पूरे दिन का पहाड़ बड़ी आसानी से

उठा लेता है।

लिहाजा मैं मुस्करा दिया और मुस्कराने के अगले दिन मुझे पता चला कि मैंने कितनी बड़ी भूल की।

वह जब वहां से टला, एक मित्र उसके साथ हो लिया। वह अपनी ट्रांसफर चाहता था किसी मलाई वाली सीट पर और मित्र ऐसा था कि जिसमें मुहावरे बदलने की शक्ति थी। आपने भी सुना होगा कि मित्र वह जो मुसीबत में काम आए। उन्होंने इस मुहावरे का चालचलन सुधार दिया। इसे बदलकर बना दिया, 'मित्र वही जो मुसीबत लाए'।

उसने कहा—भाई साहब, आप क्यों उजाड़ में गुहार मचाते हैं?

—उजाड़? गुहार? मैं कुछ समझा नहीं।

(असल में उन्होंने भैंस के आगे बीन बजाने का नया संस्करण सामने रखा था।)

—संस्कृति की पावन बातें कीजिए जहां ज्ञान चक्षु खुल जाने की संभावना हो, वहां तो दृग पहले ही बंद पड़े हैं।

(अब वह 'अंधे के आगे रोना' वाले मुहावरे के नक्श संवार रहे थे।)

—साफ़-साफ़ कहिए मैं अब भी नहीं समझा।

—आप बड़े भोले हैं। जिससे आप प्रसंग वाचन कर रहे थे, मुझे तो वह कम्युनिस्ट लगता है।

—कम्युनिस्ट?

—उन्होंने ऐसे नाक मुंह बनाया जैसे सांप की दुम पर पैर आ गया हो।

—मैंने उसे कभी पूजाघर जाते नहीं देखा।

—देखा तो मैंने भी नहीं।...परंतु आपको यह कैसे लगा कि उन्हें मेरी बात पर अविश्वास था।

—आपने देखा नहीं वह कैसे मुस्करा रहा था। मित्र ने कहा।

—हां, मुस्कराते हुए तो मैंने देखा। मैंने समझा उनका स्वभाव ही ऐसा है।

—अभी आपने उसकी मुस्कान में कटाक्ष नहीं देखा। कैसी गजब की छुरी होती है उसमें। एकदम स्टेनलेस स्टील।

—ऐसा?

—पत्थर पर विश्वास कर लो पर कम्युनिस्ट पर नहीं।

—ऐसा?

—संस्कृति तो उच्चतम संस्कारों को जन्म देने वाली ऐसी पावन सरिता है,

जिसे पवित्र बनाए रखना चाहिए। ये लोग तो उसमें हाथ धोने योग्य भी नहीं।

(बहती गंगा में हाथ धोने वाला मुहावरा।)

—आप तो संस्कृति की गहरी समझ रखते हैं। धन्य है देवताओं की यह पावन धरती। मैं उसके रास्ते बंद कर दूंगा। संस्कृति की गंभीरता पर मुस्कराने वाले आदमी के होंठ सिल देने चाहिए। ऐसे लोग तो कल देश को बेच खाएंगे। आपने मुझे मुस्कान से सावधान कर बहुत अच्छा किया।

दरअसल संस्कृति के संदर्भ में उसने ज्ञान के स्रोतों को संभाले रखने की बात कही थी।

उसके पिता पहले सिर्फ भैंसों की दलाली करते थे। उन्हें लगा कि दूध में पानी मिलाकर बेचने वाले ज्यादा कमा रहे हैं। इस बात से उनकी आंखों का पानी उतर गया। उन्होंने खाली पड़े प्लॉट बिकवाने शुरू कर दिए। एक-एक प्लॉट की दो-दो बार रजिस्ट्रियां करवा दीं। खुद प्लॉट खरीदने शुरू कर दिए। सरकारी इमारतों के ठके लिए। आपने अखबार में तो पढ़ा होगा उस पुल के बारे में, जो पचास बस-यात्रियों समेत पानी में बह गया—इस तरह टूटकर जैसे कि गोंद से चिपकाया गया था, इन्हीं उस्ताद जी का बनवाया हुआ था।

वे अपने काम के उस्ताद हो गए थे क्योंकि उन्हें पैसा देकर पैसा लेना आता था। देते सैकड़ों में, पाते हजारों में। देते हजारों में, पाते लाखों में।

पुल के मामले में चंद खोजी पत्रकारों ने अखबारों के कई कॉलम काले कर दिए। वह मुस्कराते रहे। पुल के मामले में जांच आयोग बिठा दिया गया। वह मुस्कराते रहे।

मुस्कराते हुए उन्होंने उस फर्म का दिवाला निकाल दिया और सरकार से एक बीमार उद्योग लेकर उसे स्वस्थ कर लिया।

बीमार उद्योग में से पचास कर्मचारियों की पहले दिन ही छंटनी कर दी। हटाए गए कर्मचारी नारे लगाते रहे। वे मुस्कराते रहे। उनकी मुस्कान को विजय-दायिनी मुस्कान कहा जाता था। मुस्कराते हुए वे रक्तदान शिविर का उद्‌घाटन करते। बच्चों को पुरस्कार देते और झगड़ों का निपटारा करते।

ज्ञान के स्रोतों के संभालने की बात से उनकी पीढ़ी-दर-पीढ़ी ज्यादा सुसंस्कृत होते चले जाने की बात पर मैं मुस्कराए बिना न रह सका।

इधर मेरी मुस्कराहट पीड़ा में डूबी रहने लगी परंतु आदत न छूट सकी। मेरा राशनकार्ड खो गया, दुबारा बहुत चक्कर लगाने पर भी बन न सका, मैं मुस्कराता रहा। वह मेरी खटिया खड़ी करना चाहता था, सो खड़ी ही रही, क्योंकि बान

बहुत महंगा था और पीठ के दर्द से बचने के लिए मैं यों भी जमीन पर सोना पसंद करता था, परंतु मुस्कराने की आदत न छूट सकी।

एक दिन मेरी उससे भेंट हो गई। युद्ध समाप्त करने का इसके अलावा कोई उपाय न था। एकमात्र उपाय था कि मुझे फ्रिज में बंद कर दिया जाता।

उसने मुझसे मिलते ही पूछा—क्या तुमने कभी बजट पेश करते हुए वित्तमंत्री की मुस्कराहट देखी है?

मैंने कहा—नहीं।

—क्या तुम किसी विषकन्या को जानते हो?

—नहीं। मेरा जवाब था।

—क्या तुमने किसी को कार्टून बनते हुए देखा है?

—देखा तो नहीं परंतु यदि आप मेरे सामने शीशा रख दें तो मुझे कहीं जाना नहीं पड़ेगा।

--तुम बगल में छुरी की मुस्कान भी नहीं समझते? उसने फिर सवाल किया।

—मैं सिर्फ एक मुस्कराहट को जानता हूं। मैंने कहा।

—कौन-सी?

—एडिसन की लेबोरेटरी राख में बदल गई। उसके साथ ही उनके बरसों का महत्त्वपूर्ण काम जल गया। वे मुस्कराए और कहा—इससे मैं नए सिरे से शुरू करने के योग्य हो गया हूं। इसने मेरी सभी गलतियां जला दीं।

—तुम्हारा कुछ नहीं हो सकता। वह सिटपिटाया।

मैं मुस्करा दिया।

उन्होंने मुझे फ्रिज में लगा दिया। मेरी मुस्कराहट गई नहीं, सर्द जरूर हो गई—बर्फीली-सी।

मैं यह जरूर बताना चाहूंगा कि वह मुझे कहां मिला था। आयोग ने मुस्कराते हुए उसके पिता के जमाने के पुल की तीन सौ पैंसठ पृष्ठों की रिपोर्ट दे दी थी और वह मुस्कराते हुए उन्हें पुष्प-मालाएं पहना रहा था।

अपनी आज़ादी

आज सुबह से मन उचाट है।

मैं चाहता नहीं था कि तुम दिल्ली जाओ...इसलिए नहीं कि मैं तुम पर मर रहा था इसलिए कि मुझे तुम्हें दिल्ली भेजने में उधार उठाना पड़ा।

कनॉट प्लेस, लालकिला, प्रगति मैदान के बावजूद दिल्ली मुझे उतनी पसंद भी नहीं। मुझे डर लगता है कि दिल्ली की भीड़ में तुम गुम हो सकती हो या तुम्हारे साथ कुछ अनिष्ट हो सकता है।

मैंने जला हुआ आमलेट खाकर तुम्हें याद किया।...चीनी का खाली डिब्बा और बिल्लीनुमा खाली पर्स (जिसमें तुम पगार के पैसे रखती हो) देखकर तुम्हें याद किया।

जहां तक स्वतंत्रता का सवाल है, कायदे के मुताबिक वह मुझे पूरी लगनी चाहिए। यह क्या कम है कि तुम घर पर नहीं हो और दो-तीन दिन घर लौट नहीं पाओगी। अपने छोटे जीजा की गाड़ी में जाकर रात के आलम में एयरपोर्ट देखोगी, जो कि रात में बड़ा सुंदर लगता है। (उड़ नहीं पाएं तो क्या उड़ते हुए जहाज भी न देखें।) बिरला कानन में भगवान शंकर की भव्य ऊंची प्रतिमा देखोगी और कनॉट प्लेस में जाकर कॉफी पीओगी...यहां मैं मक्खियां नहीं मारता रहूंगा। सोचा था कि तुम्हारे जाने के बाद आराम से उपन्यास पढ़ूंगा (तुम्हें किस्से-कहानियों से चिढ़ होती है न), खूब अण्डे-मीट खाऊंगा (तुम्हारे शाकाहारी निजाम में यह लुत्फ कहां) और अपनी स्वतंत्रता में छूट लेने के लिए पड़ोसिन मिसेज नारंग को लाइन मारूंगा।

तुम घर पर नहीं हो, आमलेट मुझसे बना नहीं, काफी जल गया है और खर्च के लिए पर्स का करारा जवाब। मिस्टर नारंग तीन छुट्टियां लेकर घर आ गए हैं और मैडम के लिए पकौड़े तल रहे हैं।

बड़ा खालीपन-सा लग रहा है, अधूरा-अधूरा-सा। सोचने लगता हूं कि

क्या प्रतिबंध में बंधी स्वतंत्रता का मै इतना आदी हो गया हूं कि खुली हवा, खुला आकाश मुझे रास नहीं आता। मुझे अपना एक दोस्त याद आ रहा है। वह यहां होता तो कहता—हवा खुली तो है परंतु इसमें किसी भयंकर बीमारी के जर्म हैं इसलिए तुम्हें अपनी नाक बंद रखनी चाहिए और आकाश? वहां बादलों का टुकड़ा नहीं तैर रहा, जहरीला धुआं है। लगता है कि किसी शांतिप्रिय देश ने गुप्त परीक्षण किया है।

तुम्हें तो पता ही है सब्जी खरीदने के काम में दो रुपए बचाकर शाम को मैं पान की दुकान पर जम जाता हूं। वहीं उससे भेंट हो जाया करती है। पान की उस दुकान पर पूरी दुनिया की संरचना पर विवेचन हो जाता है। मेरे उस दोस्त की टिप्पणियां अजीब होती हैं कई दफा। स्वतंत्रता पर भी कुछ ऐसे ही विचार थे उसके।

हुआ यह था कि मुख्यमंत्री के कारगुजारियों से भरे सुपुत्र ने सिनेमा हॉल में से एक जर्मन लड़की को उठवा लिया था। अब किसी थ्री-स्टार होटल (फाइव स्टार उस शहर में नहीं था) में वह उससे राखी बंधवाने के लिए तो ले नहीं गया था...अखबारों में बवंडर खड़े हो जाने और पकड़े जाने पर जो बयान उसने जारी किया था वह यह था कि उसके दृष्टिकोण में सभी देशों के सभी नागरिक एक-जैसे हैं... कि यह महिलाओं के अपमान का मुद्दा भी नहीं है, वह तो मैत्रीपूर्ण संबंधों को व्यवहार में बदलना चाहता था। उसके सम्मान और आराम के लिए ही होटल की लग्जरी क्लास में रखा था।

पान की दुकान पर इसी मुद्दे पर चर्चा छिड़ गई थी। चर्चा काफी तीखी और कड़वाहट-भरी थी। पान की मिठास (मैं मीठा पान ही खाता हूं) उस कड़वाहट को छिपा नहीं रही थी। अंत में मैंने कहा—शुक्र है कि तुम एक ऐसे देश में हो जहां कम-से-कम बोलने की स्वतंत्रता तो है।

जानती हो मेरे दोस्त का क्या जवाब था। पान की पीक गटककर बोला—पहली बात तो यह है कि यह भी एक खामख़याली है। दूसरी और इससे भी महत्त्वपूर्ण बात यह कि आजादी कोई आधा-अधूरा कंसेप्ट नहीं होती। असल आजादी हर तरह से संपूर्ण होती है। यह नहीं होता कि तुम बोल तो सकते हो परंतु खा नहीं सकते। असल आजादी में मैत्री के लिए किडनैपिंग और 'व्यवहार में बदलने' के लिए बलात्कार नहीं होते...। न सिद्धांतों की ऐसी की तैसी होती है और न ऐसी की तैसी में से सिद्धांत निकलते हैं।

परंतु इस वक्त मुझे भूख लग रही है। ज्यों-ज्यों दिन तपता चला जाता है,

आदमी की भूख बढ़ती जाती है। भूखे होने पर मैं ज्यादा सोच नहीं पाता। सोचता भी हूं तो सिर्फ रोटी के बारे में। मटर पनीर वाले चावल हो तो क्या बात है। मुझे लगता है कि न्यूटन ने जब सेब को गिरते देखा होगा तब उसका पेट भरा हुआ होगा, नहीं तो उसका ध्यान सिद्धांत बनाने की ओर न होता। वह उठता, गिरे हुए सेब को उठाता और खा जाता।

जब भी आदमी स्वतंत्र होना शुरू करता है, उसका पहला सामना भूख से होता है। हमेशा ही तुम जाने से पहले मेरे लिए पर्याप्त मात्रा में रोटी, चावल और सब्जी बनाकर रख जाया करती थी। दो दिन तक तो मुझे खाने को लेकर कुछ सोचना भी नहीं पड़ता था। इस बार मैंने ही मना कर दिया था—क्यों इतनी जान खपाती हो? यात्रा पर निकलने से पहले इतना बोझ! दो दिन मुझे भी मनमाना खाने के लिए मुक्त कर दो न।

तब सोचा था कि किसी अच्छे होटल में आत्मविश्वासी किस्म का भोजन करूंगा। परंतु तुम्हारा बिल्लीनुमा खाली पर्स इस सोच पर पानी फेर गया और उधर नारंग अपनी सुंदर बीवी के लिए पकौड़े बनाए जा रहा है जिसकी गंध मुझे दार्शनिक और तटस्थ विरागी बना रही है।

विरागी से मुझे याद आया वह बुलंद विरागी जो आज सुबह सैर से आते हुए मिल गए थे। तुम तो जानती ही हो वह अपनी आजादी नाम का तीन-चार पेज का अखबार निकाला करते हैं कभी-कभी और तुम से एक बारी 'नारी उद्धार' अंक के नाम पर पचास रुपए ठग ले गए थे और शहर में एक स्विमिंग पूल की मांग पर नारी उद्धार अंक का संपादकीय लिखा था, जैसे बिकनी पहन कर स्विमिंग पूल में नहाये बिना, फोटो खिंचवाये बिना 'नारी उद्धार' नहीं होगा। बुलंद विरागी ने अपने अखबार में मुख्यमंत्री के नहाते हुए, गाते हुए, बजाते हुए, खाते हुए, सुस्ताते हुए, मुस्कराते हुए चित्र छाप-छापकर रिजर्व प्राइज़ पर आठ माले का एक प्लॉट हथिया लिया था। पहले-पहले 'दफ्तर अपनी आजादी' का बोर्ड वहीं टंगा था किसी बिजूका की तरह—सभी पक्षियों को भगाता और डराता हुआ-सा।

फिर बुलंद विरागी ने किया यह कि वन महोत्सव के दिन नगर-निगम के मेयर को बुलवाकर चारदीवारी के बाहर पौधे लगवा लिए थे। छः महीनों में पहले वाली दीवार गिरा दी और पौधे को भीतर समेटती हुई एक दीवार खड़ी करवा दी। इसी तरह से तीन साल से लगातार बुलंद विरागी वन महोत्सव मना रहे हैं। हर बार वन महोत्सव पर 'अपनी आजादी' का एक विशेषांक भी निकालते

हैं। दूसरे परिचितों या मित्रों के यहां प्रत्येक ऐसा आदमी जरूरत से ज्यादा चक्कर लगाता है जो या तो 'नंग' होता है और उधार मांगने के अलावा कोई उपाय नहीं होता या काफी भर जाता है और छलक-छलक आती हुई संपन्नता प्रशंसा की जरा-सी लाली पाकर सौंदर्य-संपूर्ण हो जाती है। बुलंद विरागी उन दिनों मित्रों के यहां काफी चक्कर लगा रहे थे—खासकर उन मित्रों के यहां जिन्होंने प्लॉट खरीद लिए थे।

जाकर पूछते—तुम्हारा प्लॉट कितने माले का है?

—आठ माले का। अगर वह खुशकिस्मती से कह देता।

—मेरा प्लॉट भी आठ माले का ही है परंतु वह तो इस प्लॉट से काफी बड़ा लगता है।

तंग आकर एक मित्र ने जवाब दिया—भाई साहब, अगर मेरे प्लॉट पर बोर्ड लग जाता अपनी आजादी का और वन महोतसव की आंच में हर साल छः माले फैल जाते तो यह भी उतना ही बड़ा दीखता।

हां तो बुलंदी विरागी कह रहे थे कि उन्होंने नया प्लान तैयार किया है। प्लान जानती हो क्या है—जनाब अपने प्लॉट में डेयरी खोल रहे हैं। भैंसें खरीदने के लिए कम ब्याज दर पर लोन भी एप्लाई किया जा चुका है। कोई सबसिडी योजना है, उसको भी पीट लेंगे।

मैंने उनसे पूछ लिया—'अपनी आजादी' का क्या होगा?

—ऊपर 'अपनी आजादी' रहेगी, नीचे भैंसें।

—क्यों 'अपनी आजादी' को गोबर की बदबू के खतरे में डाल रहे हैं!

—बदबू होगी तो दूध भी होगा। आते-जाते शायरों को दूध पिला दिया करेंगे।

—पानी मिला! पानी सत्तर फीसदी या अस्सी फीसदी?

—शुद्ध दूध पिलाकर उनका हाजमा बिगाड़ना चाहते हो! हो-हो करते हुए बुलंद विरागी भैंस के दूध जैसे दांत दिखाकर चले गए।

तुम्हारे नाम यह नोट खत्म करता हूं। छत पर जाकर जरा ताक-झांक कर लूं। शायद मिसेज नागर अभी-अभी गुसलखाने से निकली हों और धूप में अपने बाल सुखा रही हों। आज इतनी आजादी तो मुझे है न!

पौधा हरा नहीं हो रहा

मनी प्लांट को पानी देते हुए रोहित की मम्मी ने मुझे बताया—रोहित की तबीयत लगातार खराब रहने लगी है।

—क्यों, क्या हुआ?

—पेट में दर्द।

—किसी डॉक्टर को दिखाया नहीं?

—सुबह से दोपहर तक तो इमरजेंसी मरीजों को देखते हैं न!

—तो शाम को दिखा दें।

—शाम को इनके पास समय नहीं होता।

—दफ्तर से तो साढ़े पांच बजे लौट आते हैं।

—हां, फिर जाते हैं कमला इंडस्ट्रीज।

—वहां क्यों?

—पार्टटाइम जॉब।

—ऐसी भी क्या मुश्किल है।

—रोहित की स्कूल फीस, ट्यूशन फीस। तीन ट्यूशनें हैं मैथ की, इंगलिश की, फिजिक्स-केमिस्ट्री की और फिर विजिटिंग फीस।

—यह विजिटिंग फीस क्या बला है?

—कभी संडे को पार्क ले जाएंगे, कभी जुहू और कभी सिनेमा।

—तो रोहित को शाम को आप डॉक्टर को दिखा दो ना।

—मैं भी कहां खाली हूं।

—क्या शाम को किट्टी पार्टी है?

—नहीं। शाम को इधर सिलाई स्कूल जाना शुरू किया है।

—इसकी क्या जरूरत थी?

—असल में पिंकी की फीस वगैरह की जिम्मेदारी मैंने अपने पर ली है।

एक प्लान तरीके से नहीं चलेंगे तो कैसे चलेगा सब।

—पर रोहित के पेट में दर्द...

—मैं सोच रही थी कि आप शाम को खाली हों तो...

—मुझे उसे साथ ले जाने में कोई दिक्कत नहीं पर...डॉक्टर को पूरी जानकारी मिलनी चाहिए न। मैं स्कूटर से आपको ले जाऊंगा और स्कूटर से ही आपको सिलाई स्कूल छोड़ दूंगा और रोहित को घर ले आऊंगा। आपका मुश्किल से आधा घंटा ही खराब होगा।

—यही ठीक रहेगा। आपको कष्ट दे रही हूं, भाई साहब।

—कोई बात नहीं, भाभी।

वायदे के मुताबिक शाम को मैं रोहित और भाभी को डॉ. चोपड़ा के यहां ले गया। लगभग एक घंटे की प्रतीक्षा के बाद बारी आई। डॉ. चोपड़ा के साथ भाभी की जो बातचीत हुई वह इस प्रकार है—

—बेटा सुबह कितने बजे उठता है?

—कितना भी उठाओ, छः-सवा छः से पहले उठता ही नहीं।

—उठने के बाद?

—टूथपेस्ट करता है। स्कूल बैग तैयार करता है। कपड़े चेंज करता है।

—स्नानदि?

—नहा तो यह रात को ही लेता है।

—रात को?

—डॉ. साहब, सुबह इसके पास समय ही कहां होता है?

स्कूल कितने बजे होता है?

—सवा आठ...परंतु टैम्पू वाला पौने सात बजे लेने आ जाता है...उसे दूसरी कॉलोनी से भी बच्चे लेने होते हैं न।

—घर कितने बजे आता है?

—छुट्टी तो डेढ़ बजे हो जाती है परंतु घर पौने तीन या तीन बजे ही पहुंचता है।

—उसके बाद?

—यूनिफार्म उतारकर दूसरे कपड़े पहनने और खाना खाने में साढ़े तीन बज जाते होंगे...। साढ़े तीन से साढ़े छः तक ट्यूशनें पढ़ता है। ...मैं सिलाई स्कूल से साढ़े सात-आठ बजे ही लौट पाती हूं, तब तक यह नहा लेता है और थोड़ा बहुत होमवर्क...

—आप अपनी बात जारी रखें। मैं सुन रहा हूं।

—फिर मैं खाना बनाकर खिलाती हूं, यह साहब टी.वी. देखते रहते हैं। नौ-साढ़े नौ बजे इसके पापा आते हैं।

—वे क्या किसी फैक्ट्री में काम करते हैं?

—नहीं, दफ्तर में...फिर पार्ट टाइम जॉब...मुंह-हाथ धोकर भोजन करके ये इसे होम वर्क करवाते हैं।

—होम वर्क कितने बजे तक चलता है? डॉक्टर की आवाज में मुझे उस वक्त गुस्सा नज़र आया।

—यही कोई साढ़े ग्यारह बजे तक।

.डॉक्टर ने रोहित की स्टेथेस्कोप से जांच की। पेट देखा। दर्द कहां होता है, रोहित से पूछा, फिर आकर हमसे कहा—मैंने बच्चे की ठीक से जांच कर ली है। कल से एक हफ्ते के लिए यह न तो स्कूल जाएगा और न ट्यूशन के लिए...। रोहित की मम्मी के चेहरे पर एक रंग आया और एक गया। बड़ी आहत-सी नज़रों से उन्होंने मेरी ओर देखा। मैं खुद सकते में था। ....पर हिम्मत जुटाकर मैंने पूछा—डॉ. साहब, क्या बात है। कोई गंभीर मर्ज़ है क्या?

—गंभीर है नहीं, हो सकता है। मैंने दवा लिख दी है, यह एक गोली सुबह, दुपहर, शाम और यह पीने वाली एक चम्मच रोज भोजन के बाद।...यह कैप्सूल सुबह, दोपहर और शाम।

—लेकिन डॉ. साहब, मामला क्या है?

—असल समस्या यह है कि बच्चे के पास लैट्रिन जाने का समय ही नहीं है। पूरे दिन में वह शौचादि से निवृत्त होने की बात भी नहीं सोच पाता।

घर लौटकर रोहित की मम्मी को महसूस हुआ कि मनी-प्लांट तो बड़ा हो गया है पर एक हरा पौधा हरा नहीं रहा। वह शायद हरा होना ही भूल गया है।

प्लीज़, हंसना नहीं

मुझे उसने पांच शाकाहारी लतीफे सुनाए। मुझे हंसी नहीं आई। फिर उसे 'नानवेज' पर उतर आना पड़ा। हंसी क्या, मुस्कराहट तक मेरे चेहरे पर नहीं थी।

उसने झल्लाकर कहा—मामे हीर के, मैं तुमसे वोट तो नहीं मांग रहा, न उधार मांग रहा हूं। एक हंसी मांग रहा हूं, सो तुझसे इतना भी नहीं होता।

मैंने कहा—वोट मांगते तो चाहे टी.एन. शेषण का जाली वोट भी तुम्हें दिलवाना पड़ता, मैं दिलवा देता। उधार मांगते तो मैं किसी पंडित, किसी मुल्ला, किसी भाई जी से उधार मांगकर तुम्हें दे देता (पैसा आजकल इन्हीं लोगों के पास है), तुम जो कुछ मांग रहे हो मेरे पास है नहीं, तो दूंगा कहां से?

—तुम्हें हो क्या गया है?

—तुमने चुटकुला सुनाया भ्रष्टाचार पर। मुझे हंसी नहीं आई। जिस ट्रेन में मैं आता हूं उसका कंडेक्टर एक-एक सीट का पैसा वसूल कर रहा था। किसी ने कह दिया, 'भई, यह तो भ्रष्टाचार है।' उसने कहा—'हां, मैं भ्रष्ट हूं। परंतु सभी भ्रष्ट हैं। हमारे बड़े-से-बड़े, छोटे-से-छोटे नेता भ्रष्ट हैं। वही भ्रष्ट नहीं है, जो बदकिस्मती से घूस खा न सका या जिसे मिली नहीं। हम तो अब भ्रष्ट सम्मेलन बुलाएंगे और अपनी आचार संहिता बनाएंगे।'

—भ्रष्ट लोगों के बेटों को नौकरियों में पहल मिले, क्योंकि उन्हें दफ्तर में आकर कुछ सीखना नहीं पड़ेगा। उनके बच्चों की कैपीटेशन फीस आर.डी. खाते की तरह हो और पासबुक जारी की जाए। इसमें बीमा-सुविधा भी शामिल हो। ...यों हमारी संतानें हमारी अतृप्त इच्छाओं की सफल कठपुतलियां होंगी परंतु फिर भी अगर उनमें से कोई एक डॉक्टर या इंजीनियर जैसे सम्मानित कमाऊ और टिकाऊ पद पर नहीं जाना चाहे तो फीस पूरे लाभों-ब्याजों सहित लौटा दी जाए।

—सचमुच कितनी व्यापक चिंतनशीलता आ गई है अब हमारे लोगों में—एकदम विदेशी कंपनियों के प्रस्तावों जैसी।

—फिर एक चुटकुला तुमने हमें मोटे थानेदार और पतले चोर का सुनाया था। अब चोर भी थानेदारों से मोटे हैं। उनके भी अपने रिमोट हैं।

—रिमोट एरिया?

—नहीं, रिमोट कंट्रोल। थानेदार इतना मोटा था कि उसे अपने पांव नहीं दीखते थे। चोर भी इतना ही मोटा होगा। तभी वह मुहावरा सार्थक होगा न कि चोर और पुलिस कभी गले नहीं मिल सकते। क्योंकि दोनों की तोंद निकटता में दूरी बनाए रखती हैं। हमारी मित्र मंजुला श्रीवास्तव की कॉलोनी में चौर्य कर्म बड़ी शान से चल रहा था। एक बार चोर साहब रंगे हाथों नंगे दिन पकड़े गए। चोर को खंभे से बांधकर पुलिस को बुलाया गया। देखते ही एस.एच.ओ. के मुंह से निकला—शकूर, तुम? तुम्हारा एरिया तो पुल के पार था?

एक चुटकुला उस दुकानदार का था जिसे तुम मिलावट के क्षेत्र में वर्ष का सर्वोत्तम पुरस्कार दिलवाना चाहते हो। एक दिन हमारे मुहल्ले के अधिकांश बच्चे, सालियां, सासें और ससुर बीमार पड़ गए। कुछ को तो अस्पताल में दाखिल करवाना पड़ा। तकलीफ थी अनपच। कारण खोजने के लिए पूरा जोर लगा दिया गया। अंततः पता चला कि लालूमल की डेयरी के लालूमल को भाई का तार पाकर एकदम जाना पड़ा। जाते हुए लड़के को हिदायत भी नहीं जारी कर सका। लड़का अभी कॉलेज में था। डेयरी पर पहली बार आया था। न कोई गुर, न कोई कायदा, न बिजनेस का गुप्त ज्ञान, न बाजार की हवा। सीधा दूध दुहकर आता रहा, सीधा ग्राहकों की डोलचियों में जाता रहा। भैंसें खुद हैरान होकर जुगाली कर रही थीं। एकाध भैंस ने गोबर सनी पूंछ घुमाकर संकेत से समझाना चाहा परंतु अनाड़ी बलम कुछ समझा नहीं। नतीजा? शुद्ध दूध पीकर आधे से ज्यादा मुहल्ला बीमार। मियां, जरा हमारी आदतों और बॉडी की मशीन का ध्यान कीजिए। हमारी देह ने मिलावट को इस तरह स्वीकार कर लिया है जैसे चमकदार वायदे फेंकते उम्मीदवार को मतदाता स्वीकार कर लेता है। (गुंडों में से एक नोबल गुंडा ही चुनना हाता है।) उसने स्वीकृति में सिर हिलाया। मैंने कहा—

अब तुम्हीं बताओ कि हंसी आए तो किस बात पर? हमारी विडंबना यह है कि हंसी की बात पर हमें रोना आता है। हंसी भरे पेट आदमी की विलासिता लगती है। वह हमारे जख्मों का कारक है और हमारे जख्मों पर हंसता है। उसने हमारा कद बौना कर दिया है और ऊंची सीढ़ी के डंडे पर हमें उछलते-गिरते देखकर हंसता है। वह हंसना एफोर्ड कर सकता है, क्योंकि इसके तमाम उपकरण उसके पास हैं...।

—रुको, रुको, विश्व स्वास्थ्य संगठन की रिपोर्ट के मुताबिक...

—हां-हां, सभी ऊंची बातें बड़ी तसल्ली से कही जाती रही हैं परंतु हमने पूरे का पूरा नीतिशास्त्र रद्दी के भाव बेच दिया क्योंकि अब उसे दीमक खा रही थी। रद्दीवाला उस पर बैठा बीड़ी फूंक रहा है और किस्मत का टेंडर खुलने की प्रतीक्षा कर रहा है।

तब उसे मैंने अपने फोटोग्राफर मित्र की गाथा सुनाई। वह जब भी किसी का फोटो खींचता है, फोटो खिंचवाने वाला रोने लगता है। फोटो के मूड में बैठे आदमी को क्लिक करने से पहले सावधान कर देता है—हंसना नहीं, प्लीज!

एक बार उसे शादी के फोटोग्राफ खींचने और एलबम तैयार करने के लिए बुलाया गया। जब एलबम तैयार होकर आई तो लोग यह देखकर हैरान हुए कि एक भी आदमी मुस्करा नहीं रहा, हंसना तो दूर की बात थी।

उससे पूछा गया कि आखिर मामला क्या है। हमारे खानदान में यह पहली शादी है। हमारे पिताओं-दादाओं ने कभी शादी नहीं की (मोटे दहेज के बिना शादी कोई शादी होती है।) यह तुमने कैसी फोटो खींची हैं कि सभी उदास नज़र आ रहे हैं।

—यह आप सबका भविष्य है।

—सो कैसे?

—लड़के और बहू से आपकी अपेक्षाएं पूरी नहीं होंगी इसलिए आप उदास रहोगे। दस में नौ पति-पत्नियों का विवाह के दूसरे साल यही निष्कर्ष रहता है कि शादी न हुई होती तो अच्छा था, इसलिए वे उदास नज़र आ रहे हैं।

—भैया मेरे, तुम फोटोग्राफर ही रहा करो। फोटोग्राफी में चित्रकार और दार्शनिक की जरूरत नहीं होती।

—लेकिन यदि फोटोग्राफर चित्रकार और दार्शनिक भी हो तब?

—तब उसे पेट पर बही बांध लेनी चाहिए और रीलें खरीदने के लिए किडनी बेच देनी चाहिए।

इस पर भी हमारे फोटोग्राफर दोस्त का 'हंसना नहीं, प्लीज' का रहस्य समझ नहीं आया। वह रहस्य मुझे मालूम था। मुझे इसलिए मालूम था क्योंकि उसने खुद मुझे बताया था।

उस दिन ड्राई डे था और हम चोरी-छिपे गंदे नाले के पास पानी में मिली हुई बीयर पी रहे थे। मैंने उससे पूछा—तुम अपने क्लोज-अप्स में चेहरों को हंसने नहीं देते। उलटा कह देते हो—हंसना नहीं, प्लीज! इसका क्या चक्कर है?

—चक्कर यह है कि इस शहर में आकर मैं हंसना भूल गया हूं और मुझे हंसी अच्छी भी नहीं लगती।

—लेकिन क्यों?

—मैंने एक आदमी की फोटो खींची, मुझे बताया गया था कि वह मरा हुआ है। जब मैंने क्लिक किया तो मुझे लगा कि वह जिंदा है। लेकिन लोगों ने उस पर इतनी फूलमालाएं डालीं कि वह उठ न सका। दूसरे वह ताउम्र पार्टी का मामूली वर्कर रहा था परंतु इतनी सम्मानजनक मौत देखकर उसका उठने को मन नहीं किया होगा।

—जब वह मामूली वर्कर था तो मौत ऐसी सम्मानजक कैसे हो गई?

—पार्टी में विघटन की नौबत आई हुई थी, बेवकूफ! इसलिए पार्टी अध्यक्ष ने इसे संभालने का एक मरकज़ बना लिया।

—और कुछ?

—और यह कि एक आदमी जिंदा था, खा-पी रहा था। दफ्तर जा रहा था। रिश्वत ले रहा था, दे रहा था। मकान की जगह कोठी बनवा रहा था। लेकिन जब मैंने उसका फोटो खींचा तो मुझे वह मरा हुआ नज़र आया। इसमें एक और बड़ी अचंभे की बात थी।

—वह क्या?

—वह फोटो खिंचवाते हुए हंस रहा था।

प्याज़ के बहाने सहचिंतन

बस स्टैंड पर साधारण-से दिखने वाले एक आदमी ने अखबार पढ़ रहे दूसरे आदमी से सवाल किया—इस बढ़ती हुई जबड़ा-तोड़ महंगाई का सामना कोई कैसे कर सकता है? उसका जवाब था—अपनी पूरी आय, चाहे वह खुद को बेचकर भी हासिल की हो, जमा बीस प्रतिशत।

—यह बीस प्रतिशत कहां से आएगा?

—इसका जवाब मुश्किल है। ईश्वर को पाने की तरह।

मैं खुद इसका जवाब सोचता रहा। एक तरफ मुझे नज़र आए दस लगाकर लाख पाने का परामर्श देने वाले लाटरीबाज, दूसरी तरफ पूरे देश को अपना परिवार कहकर मज़हबी शरीकों में दुर्भावना फैलाने वाले पोंगा पंडित, कोयल, पपीहा, वसंत अथवा पावस पर गाने की जगह साबुन, तौलिए, शेव का ब्लेड और टायर के लिए संगीत, गला तथा सुर बेचने वाले संगीत तथा साधना के पक्षधर, नकली सेक्युलरवाद को मुंह में रखकर प्रदेश, भाषा, जाति की राजनीति खेलने वाले स्वार्थी राजनीतिज्ञ। पतिधर्म, पुत्रधर्म, पितृधर्म, राजधर्म, प्रजाधर्म का प्रचार करने वाले अनुत्तरदायी, अनैतिक, ठग और धर्म-प्रचारक।

—निजी अर्थशास्त्र ने क्रांतियों को भ्रांतियों में बदल दिया। संस्कारों और नैतिकता को यहां मुंह की खानी पड़ी। अखबारवाला अपना चिंतन दे रहा था।

—नहीं, यह उपेक्षा का मामला है सरासर। जिसकी उपेक्षा करोगे वह एक दिन ताज पहनकर आएगा और सभी को जूते की नोक पर रखेगा। प्याज का भी यही हुआ। तुम लोगों ने प्याज की कभी परवाह नहीं की। अब वह सरताज है और सारा भूगोल उसके आस-पास घूम रहा है।

प्याज की बात दूसरे सुनने वालों को भी दिलचस्प लगी। उस्ताद कहा करते थे—तुम अगर जनता के बीच जाना चाहते हो तो जनता की वास्तविक समस्याओं को जानो। उन्हीं की बात करो, तभी तुम्हारी बात सार्थक हो सकती है।

सचमुच अपनी बात सुनते ही उस आदमी ने, जिसे कहीं जाने की बहुत जल्दी थी, अपनी बस छोड़ दी। बातचीत में शामिल होते हुए कहा—

—हमारे पड़ोस की एक लड़की जिससे इश्क करती थी, वह बाहर चला गया। भाभियों के सामने अब रो भी नहीं सकती थी। सो जब भी मन भर आता, रोने को हो आता। प्याज लेकर काटने बैठ जाती थी। अब तो प्याज काटने पर बीवी की आंखों से आंसू आएंगे न। आदमी की आंखों से प्याज खरीदने के नाम पर ही आंसू बहने लगते हैं।

अखबारवाले ने फिर सिद्धांत बघारा—भाई मेरे, हमेशा महंगी और अनुपलब्ध होती हुई चीज़ ही श्रद्धा की पात्र होती है। एक जमाने में गाय का दूध साधारण जन के लिए मुश्किल हो गया होगा। उन्होंने गाय को श्रद्धा का पात्र बना दिया। गंगा बहुत दूर थी, गंगाजल श्रद्धा का पात्र हो गया। डाक्टरेट काफी मेहनत और ज्ञान से मिलती थी, नेताओं को बिना पढ़े अज्ञानी रहकर इसे पाने का ढंग निकाल लिया। योगी संन्यासी कठिन तपस्या के बाद श्रद्धा के पात्र होते थे, भाई लोगों ने दाढ़ी और भगवा को श्रद्धा की निशानियां बना दिया। इसी तरह सोना, चांदी, सिंहासन, बंगले और गाड़ियां श्रद्धा का केंद्र बनीं। आज प्याज और साथ-ही-साथ आलू श्रद्धा का केंद्र बन रहे हैं।

—प्याज आधुनिकता का प्रतीक है। एक गांठ के भीतर दूसरी गांठ। आज के आदमी का मन ऐसा ही है—एक साथ, एक ही वक्त में कई पर्तों में जीता हुआ। पहले गुलाबी पर्त, फिर सफेद पर्त और गुठली तक जाते-ज़ाते मानव मनोविज्ञान का एहसास होंने लगता है।

बात को परंपरागत परिधि से अलग अर्थ देने की कोशिश में प्रोफेसर साहब ने फरमाया।

अब सभी जन अपनी पहुंच से दूर होती जा रही चीज़ों के बारे में बात करने लगे थे।

एक महिला ने कहा—पहले सादे जीवन और संतोष की वृत्ति की बात कहने के लिए कहा जाता था।

दाल रोटी खाओ।
प्रभु के गुण गाओ।

अब बढ़ी हुई कीमतें हमें रोज उंगली दिखा-दिखाकर इस तरह धमका रही हैं—तुम दाल-रोटी खाकर दिखाओ।

एक ने कहा—मेरी पत्नी ने कल आव देखा न ताव, सीधा सब्जीमंडी में

जाकर सब्जीवाले से कह दिया—एक किलो आलू दे दो, एक किलो प्याज।

सब्जीवाले ने धीरे से कहा—'बहन जी आप पेमेंट कर दो। लड़का गाड़ी में रख आता है।'

पत्नी ने झल्लाकर कहा—मेरे पास तो गाड़ी कभी थी, न है, न रहेगी!

सब्जीवाला बोला—तब मजाक क्यों करने आ गईं सुबह-सुबह! गाड़ी नहीं है तो एक साथ एक किलो आलू और एक किलो प्याज क्यों मांग रही हो। मैं किसी झांसे में नहीं आनेवाला। आठ आने किलो आलू था, तब से सब्जी बेच रहा हूं। अरे, तब तो चाचा चिप्स होते ही नहीं थे, न पैकेटों में प्याज का पेस्ट बिकता था।

अब तक अखबारवाले भाई की जुबान को खुजली होने लगी थी। इतनी देर तक बिना बोले वह कभी रहे ही नहीं।

उन्होंने कहा—महर्षि याज्ञवल्क्य जब गृहस्थाश्रम त्यागकर जाने वाले थे तब मैत्रेयी और कात्यायनी दोनों पत्नियों में संपत्ति का बंटवारा करने की बात सोची।

मैत्रेयी ने कहा—मुझे संपत्ति नहीं चाहिए, मुझे तत्त्वज्ञान दो।

मैंने जब यही बात पत्नी को ग्रंथ से पढ़कर सुनाई तो उसने कहा—ज्यादा ऊंची बातें सुनने की फुर्सत मिलेगी जब रिटायर हो जाएंगे। इस समय थैला उठाओ और पावभर प्याज ला दो। मुझे प्याज चाहिए। महीने-भर से घर में सलाद नहीं खाया गया।

एक भाई कानों से बीड़ी खोंसे कब से सारी बातचीत सुन रहा था। अब उसने बीड़ी निकालकर माचिस से सुलगायी और कहा—बचपन में मैं साबुन और पाइप से बुलबुले बनाकर छोड़ता था। मेरा बाप कहता था—बुलबुले जितने बड़े क्यों न हो जाएं, किसी के काम नहीं आने वाले। सब लोग बुलबुले छोड़ रहे हो। अच्छे लगते हैं। रंग-रंग के। हवा में फूले उड़ते हुए...इतने लोगों ने प्याज पर इतनी बड़ी बातें सुनाईं। कुछ पल्ले पड़ीं, कुछ नहीं। खैर, वह हमारी कम बुद्धि हुई। ...कोई यह नहीं बताता कि प्याज जब घर खाने को नहीं था, बाहर क्यों बेचा गया? वह भी इतने कम दाम में? कोई नहीं बताता कि इसी बहाने लखपति करोड़पति कैसे हो गया और करोड़पति सौ करोड़पति? जमाखोरों की किस-किस से क्या-क्या रिश्तेदारी होती है जो वे सारे सुख भोगते हैं और हम सारे दुख?

उस आदमी ने कंधे पर का कपड़ा उतारा, फटकारा और मुंह साफ करता हुआ चला गया, परंतु शून्य में कई प्रश्न छोड़ गया।

डंके की चोट पर शराफत

पड़ोसी नए आए थे। मंगला की इच्छा थी कि उन्हें दावत-शावत खिलाकर उनका स्वागत किया जाए। वह अनपढ़ जरूर है, परंतु उसमें सदाचार काफी हैं। उसे हम पढ़े-लिखों का खामोश व्यवहार व्यर्थ का गरूर या किताबों का बोझ मात्र लगता है।

हमारे घर में मंगला की काफी चलती है। नहीं, पत्नी नहीं, वह हमारे घर की महिला कर्मी (नौकरानी शब्द उसे पसंद नहीं) है। मैंने तो एक बार पत्नी जी से कह दिया था—"तुम्हारी जगह हमने मंगला से शादी की होती तो अच्छा था। इतने पैसे और इतने सूट तो हमने तुम्हें कभी नहीं खरीदकर दिए, जितने मंगला को दे चुके हैं।" हमारी बात का पीछे का आधा भाग आज के जीवन का कटु यथार्थ मानते हुए भी पहलेवाले भाग को बरदाश्त नहीं किया जा सकता। यह पत्नी जी का सीधा-सादा व्यक्त किया गया मत था, "औरत तो घर में मिट्टी की औरत भी नहीं सह पाती, अगर वह उसकी स्वायत्तता में दखल दे।" उनकी यह बात भी मैंने स्वीकार कर ली परंतु सिद्धांत रूप में, जैसे बहुत-सी कल्याण योजनाएं कागजों में चलती हैं और फाइलों में बंद हो जाती हैं।

रोज़मर्रा से थोड़ा ऊपर उठकर देखें तो हम कठपुतली की तरह काम करते हुए नजर आते हैं, रिमोट कोई और थामे हुए है। वह कभी भी हमें 'ऑफ द स्क्रीन' कर सकता है और हमें पता भी न चले कि हम कब 'ऑन द स्क्रीन' हुए थे।

बात मंगला की हो रही थी। वह जो चाहे, वही घर में बनता था। उसका मन न हो तो हरी सब्जियां पड़ी-पड़ी नीली, काली, पीली हो जाएंगी। वह हमें दाल बना-बनाकर खिलाती रहेगी। उसका मन हो तो रोज आलू-बैंगन, आलू-गोभी, आलू-मटर खिलाती रहेगी। डिब्बों में पड़ी दालों को घुन लगता रहेगा और आप जीवन में एक आलू की तरह 'एक्ट' करते रहोगे—एकदम समझौतावादी।

मंगला के आदेश जैसे परामर्श को घर में चुनौती देने का रिवाज़ नहीं था। यों हमारे देश के भी पड़ोसियों से काफी अच्छे संबंध थे—फूटी आंख न भाने वाले। साथ वाले मुल्क के महान नेता मंच पर तकरीरें कर रहे थे कि वह हमारे मुल्क से जरा भी खौफज़दा नहीं हैं। इधर हमारे नेता (जब भी उन्हें कोई बेकारी, गरीबी और पिछड़ेपन के आंकड़े दिखाता) मंचों पर बोल रहे थे कि पड़ोसियों की आंख मैली है। उसे अपनी शरारतों से बाज आ जाना चाहिए। दोनों एक-दूसरे से डरकर एक-दूसरे को डराने के लिए महंगे हथियार खरीद रहे थे।

मंगला ने जब पड़ोसियों से संबंध सुधारने की बात जोर देकर कही तो हमें पहले वाले पड़ोसी याद आ गए। पहले वाले पड़ोसी किसी की बहू-बेटी से कम नहीं थे। हूं तो मैं इस गांव की बेटी, परंतु बहुओं से अच्छी पड़ती हूं, जैसी डगर थी। रेडियो, टी.वी. और जब दोनों का टाइम न हो तो डैक पर कैसेट पूरे वाल्यूम से बजाते थे, खासकर बच्चों के एग्जाम के दिनों में। जब एक दिन हम यह निवेदन लेकर उनके घर चले गए कि मेहरबानी कर साउंड-प्रदूषण का तो नहीं, बच्चों की परीक्षा का ख़याल करें, तब उन्होंने अपने डाबरमैन की जंजीर खोल दी, जिससे हमें भाग-छिपकर जान बचानी मुश्किल हो गई। उसी दिन हमें अपने बिजली के दुगुने-तिगुने बिल का रहस्य पता चला। उन्होंने अपना बिजली का कनेक्शन हमारे तार से जोड़ा हुआ था। यानी हमारा जूता हमारा ही सिर। हींग और फिटकरी के बिना रंग चोखा।

वे पति-पत्नी बरामदे में रुककर ऊंचे स्वर में कहते—

—बू आ रही है।

—हां, बहुत बुरी।

—लगता है कुछ जल रहा है।

—जी हां, पड़ोसियों का दिल।

—यह दिल जरूर फिसलता रहता होगा।

—कैसे पता चला?

—टायर की तरह जल रहा है कमबख्त।

एक दिन हमने उनसे पूछ ही लिया—

—आप हमसे नाराज हैं।

—नहीं, नाराज़ तो आप हमसे होंगे।

—हमने आपको परेशान किया?

—नहीं, परेशान तो हम आपको कर रहे हैं।

—आप समझते हैं कि आप ठीक कर रहे हैं।

—हां, हम ठीक कर रहे हैं। हमने पहले भी कई ठीक कर दिए।

—आप ऐसा क्यों कर रहे हैं?

—क्योंकि हम ठीक कर रहे हैं।

—लेकिन यह ठीक नहीं है।

—तुम हम पर मुकदमा दायर कर दो या हमारे घर के सामने बैठकर मरण व्रत करो।

—इससे आपको क्या मिलेगा!

—नाम।

—यहां नाम नहीं, बदनामी मिलेगी।

—वह भी हमारी सेहत के लिए अच्छा है।

—आप एक शरीफ आदमी को तंग कर रहे हैं।

—तुम शरीफ आदमी हो?

—हां, हूं।

—तुम कभी जेल गए हो?

—नहीं।

—कभी पुलिस से पिटे हो?

—नहीं।

—नाइट क्लब जाते हो?

—नहीं।

—दारू-शारू, स्मलिग-शमगलिंग?

—सुनना भी पाप है।

—तुम में जब ऐसा कोई गुण नहीं तो शरीफ कैसे हो? मैं क्या कहता।

—शरीफ तो हम हैं। हम शरीफ हैं और किसी से कहते भी नहीं कि हम शरीफ हैं।

—आप मुझसे क्या चाहते हैं?

—अपा घर बेच दो पचास हजार में।

—अपना घर क्यों बेच दूं? और फिर चार लाख का घर पचास हजार में क्यों बेचूं?

—पहले सवाल का जवाब है कि इसलिए बेच दो क्योंकि हम यहां महिलाओं के लिए व्यायामशाला खोलेंगे। दूसरी बात का जवाब है कि तुम्हें देने के लिए

हमारे पास इतने ही पैसे हैं। एक लाख पुलिस को देना है और एक लाख पार्टी को। आगे सिलसिला भी बनाना है न!

मैं तो उनकी शराफत से भयभीत हो गया। मुझे अपनी सारी मानवता, सारी सद्भावना और खराब जीवन स्थितियों में सिर उठाकर चलने वाले सारे सबक धूल चाटते नजर आए।

मैंने अपने परिवार की आपातकालीन बैठक बुलाई। पत्नी जी तो रोने लगीं। कहने लगीं कि उस राक्षस से तो पचास हजार भी नहीं लेना चाहिए। हम ऐसे ही छोड़कर कहीं दूर चले जाएंगे, जहां शांति से रह सकें। अपने आप भरेगा लोन की किस्तें, तब आएंगे बच्चू के होश ठिकाने।

जब मैंने बताया कि घर छोड़ने पर भी लोन की किस्ते हमें ही देनी पड़ेंगी, वह फिर रोने लगी।

परंतु मंगला डट गई। बोली—हम क्यों घर छोड़ देंगे? छोड़े वह, जिसको घर की तमीज़ नहीं।' उसकी राय थी कि हमें उसकी ओर से लापरवाह हो जाना चाहिए। जितना ध्यान देंगे, उतना ही दबाएगा। डरना छोड़ देंगे तो कुछ भी नहीं बिगाड़ेगा। मुझे बचपन के वे दिन याद आ गए जब कभी अंधेरी गली से गुजरते थे तो डर के मारे जान सूख जाती थी। इस डर को दूर करने के लिए ऊंचे स्वर में गाना गाने लगते थे, बेसुरा गीत।

मैंने आते-जाते गाना शुरू कर दिया—'शराफत छोड़ दी हमने...'

पता नहीं यह मेरी फटे बांस की सुर का असर हुआ या पुलिस संबंधों में हुई उसकी कोई चूक। हफ्ते बाद ही वह जंजीरों से जकड़ा इस गली में अपनी शराफत का पहला डंका बजा रहा था।

बिल देने का बिल

मेरे मालिक मकान ने सीधा आकर मुझसे सवाल किया—

—तुमने मकान का किराया दिया?

—दिया।

—बिजली का बिल दिया?

—दिया।

—पानी का बिल?

—वह भी दिया।

—लेकिन तुमने एक बिल नहीं दिया।

—कौन-सा बिल?

—बिलों का बिल।

—जब मैं किसी बिल में घुसा ही नहीं तो बिल कैसा?

—तुम शरारत कर रहे हो, अब पहले मैं तुम्हारी शरारत ही एक्सपोज करूंगा।

—कैसे?

—इस तरह कि तंदूर में लड़की की लाश तुमने देखी?

—देखी, फिर?

—तुमने इसका कोई विरोध नहीं किया, यह बिल में घुसना हुआ न?

—मैंने वह लाश सिर्फ अखबार में देखी।

—तुम अखबार में उसका विरोध करते।

—किस हैसियत से?

—जब तुम्हारी कोई हैसियत नहीं, तब तुम यह घर खाली क्यों नहीं करते?

—इसका जवाब मैं कल दूंगा, फिलहाल बिलों के बिल का मतलब समझाओ।

—बिलों का बिल का मतलब है कि तुम सभी बिलों का भुगतान बड़ी पेशेंस और हिम्मत से कर रहे हो। अब तुम्हें सभी बिलों की रकम का दस

प्रतिशत हमें देना होगा।

मैं कुछ कह पाता, इससे पहले ही उसने कहा—फख्र समझो इस बात का कि तुम सभी बिलों का भुगतान समय पर कर रहे हो। मजबूरी समझो तो समझ लो कि देश के विकास के लिए एक और कर तुम्हें देना पड़ रहा है। अगर हमारा महत्त्व समझो तो यह समझो कि हम तुम्हें यह सब करने दे रहे हैं।

—मैं समझा नहीं।

—मैं समझाता हूं।...तुम मेरे सवालों का बहोशो-हवास जवाब दो।

—पूछो।

—तुम्हारे यहां कोई चोरी हुई, खासकर पिछले महीने?

—नहीं।

—किसी ने तुम्हारी बांह या टांग तोड़ी?

मैंने घबराकर अपनी बांह और टांग हिलाकर देखी और कहा—

—नहीं।

—तुम्हारे बच्चों को स्कूल से किडनैप किया गया?

—नहीं। मेरी धड़कन तेज हो गई थी। पेशानी पर पसीना।

—इनमें से कुछ भी या सभी कुछ हो सकता था। हमने ऐसा कुछ नहीं किया। इसे ही बिल देने का बिल समझो।

वह मुझे एक नेता लगा—एक ऐसा नेता जो यह तो मान रहा हो कि हम भूख, गरीबी, बेकारी, अशिक्षा और सांप्रदायिक मौसम में जी रहे हैं परंतु इस बात को मानने में बिल्कुल अडिग और अटल हों कि इस सबके बावजूद जी तो रहे हैं न और यह जीना उसकी दी हुई व्यवस्था के कारण है।

यह नेता उस नेता से अलग था जो कहता था, 'तुम मुझे खून दो, मैं तुम्हें आजादी दूगा।' यह कहता है—मुझे अब न तुम्हारा कुछ देना है, न इस मिट्टी का, न देश का, मुझे तो लेना है तुम्हारा दिमाग, तुम्हारा खून और फिर तुम्हारी सांसें।

मैंने भी तय कर लिया कि मुझे अपनी विवशता, अपने गिरवी पड़े आत्मसम्मान और अपने अजीज बिलों की कसम (जिनका भुगतान मैं समय से पहले या समय पर जरूर कर रहा था।) मैं इस बार मकान मालिक को करारा जवाब दूंगा। गुस्से में मैंने कहा—तुमने आज तक हमारा किराया देखा है, बेकिराया नहीं देखा। कुछ उलटा-सुलटा होगा तो हिंदी फिल्म के नायक की तरह मैं दोस्ताना लहजे में कह सकता हूं—तुम उसे ही चाहते हो तो पहले बताते, मैं तुम्हारे लिए अपनी हीर

अपना तीर, अपनी तकदीर सब कुछ छोड़ सकता हूं। 'छोड़ सकता हूं' वाली बात पत्नी ने सुन ली। एकदम कहा—"मुझे छोड़ के मत जइयो।" मैंने कहा—तुम्हें छोड़ने की बजाए मैं किराए का मकान छोड़ दूंगा।

—ना-ना, यह काम मत करना। तुम्हें बीबी और मिल सकती है परंतु किराए का मकान नहीं। किराए की कब्र में रहने वाली मेरी पाक रूह ने फर्माया।

मैं शायद साहस और दु:साहस का भी गरीब था। इस पक्ष से अमीर होता तो घरों में रहने की आदत न होती। सो भी किराए के घरों में—तोबा-तोबा! ऐसी सूरत में मैं सिंदबाद जहाजी होता और सभी यात्राओं का आदिगुरु बनकर अमर सितारा हो गया होता...परतु मुझे लगने लगा है कि सिंदबाद जहाजी कभी अपने लिए किराए का मकान नहीं खोज पाया होगा। इस तल्ख़ हकीकत का तो मजा वही जान सकता है जिसने बीसियों बार सामान की गठरियां उठाई हों और मुकर्रर वक्त से पहले अपनी उम्र का विज्ञापन हो गया हो।

एक बार तो जी चाहा कि मैं अपने मालिक मकान से जीवन के तीसरे हार्ट अटैक की तरह मिलूं, परंतु यह उस फिसड्डी विद्यार्थी की अपील थी जो यह चाहे कि परीक्षा के दिन इतनी बारिश हो कि परीक्षा लेने वाला ही नहीं आए।

पान की पीक से मेरे घर की दीवार पर भीत्तिचित्र की पच्चीकारी करते हुए वह आए। उन्हें विश्वास था कि मैंने बिलों का बिल शगुन के लिफाफे की तरह अलग निकालकर रखा होगा और ऊपर लिखा होगा—मंगल कामनाओं के साथ। परंतु ऐसा कुछ न पाकर वह भड़के हुए थे। मैं पिस्तौल की गोली की तरह तैयार था। पत्नी की ओर से नज़र का ट्रिगर दबते ही मैंने कहा—मुझे आपसे कुछ प्रश्न पूछने हैं।

—हां-हां, पूछो। हमारे यहां बोलने की आजादी है।

—पिछले पांच साल से आपने इस मकान की सफेदी करवाई?

—नहीं।

—पिछले पांच साल से आपने खिड़कियों का शीशा लगवाया?

—नहीं।

—पिछले पांच साल आपने किराए की एक भी रसीद दी?

—नहीं।

—पिछले पांच साल से आपने कभी यह जानने की कोशिश की कि हम कैसे जी रहे हैं?

—नहीं।

—क्यों?

—मैं बहुत व्यस्त रहा हूं।

—कहां?

—मेरी कुर्सी को चूहे कुतर रहे थे। नीली टोपी वाले सफेद टोपी वालों से लड़ रहे थे।

—जिस लड़ाई को आपने ही शुरू करवाया था।

—लोग झूठ बकते हैं। तुम जैसे भोले कबूतरों को भड़काते हैं।

—यह बताएं कि पांच साल से मेरी खिड़कियों में शीशे क्यों नहीं लगे?

—खुली हवा के लिए।

—खुली हवा नहीं, खिड़कियों से गंदगी आ रही है। हमारे बच्चे बीमार हो रहे हैं।

—हम आने वाले दस वर्षों में हवा की शुद्धता का कार्यक्रम लाएंगे।

—यानी हम और दस साल तक आपको बरदाश्त करें!

—अच्छा, अब बहुत बातें हो गईं, पहले बिल की रकम निकालो।

—आपको हर महीने किराया मिलता है?

—हां।

—बिजली का बिल न देने से मीटर नहीं उतरा?

—हां।

—इस मकान की कोई दीवार हमने नहीं हटाई?

—हां।

—हमने आज तक तुम्हें यह तो नहीं कहा कि मकान अब हमारा है। इसमें तुम क्या कर रहे हो?

—क्या?

वह इतना हड़बड़ाए कि जैसे आकाश से गिरे हों।

—नहीं, तुम ऐसा नहीं कर सकते।

—अगर आप बिल देने का बिल मांगेंगे तो मुझे आपके निलंबन पर विचार करना होगा।

—मैं तुम्हें एक शरीफ आदमी समझता था।

—मैं भी आपको अपना ससुर समझता था। मेरे ससुर नहीं हैं, सोचता था आपको गोद ले लूंगा।

पत्नी मेरी बातों पर हैरान थी।

बोन्साई की कला

बोन्साई को एक कला, माना जाने लगा है। हमारी सड़कें, हमारे घर, दफ्तर, मंडियां पेड़-विहीन होने लगी हं। नीम, पीपल, जामुन, आम के ऊंचे कदवर पेड़ देखने को नहीं मिलते। पथिक का पेड़ की छांव में बैठना एक किताबी मुहावरा बनकर रह गया।

आदमी के भीतर अपने कद को लेकर एक खास ख्वाहिश है। वह ऊंचे कद का दिखना चाहता है, होना नहीं चाहता। कुछ देह से छोटे कद के लोग अपने विचारों, अपने कर्म से अपने क्षेत्र में कुछ ऐसी उपलब्धियां दर्ज कर जाते हैं कि उनका नाम इतिहास में स्वर्णाक्षरों में अंकित हो जाता है। उनका कद छोटा होते हुए भी ऊंचा उठ जाता है। लालबहादुर शास्त्री, सुनील गावस्कर, सचिन तेंदुलकर जैसे कुछ नाम हैं, जिनका कद ऊंचा रहा। औद्योगिक क्षेत्र में ऊंची चिमनियां, यादगार छोड़ने के तौर पर ऊंची मीनारें और ऊंची अट्टालिकाएं उसे शोहरत और नाम की ऊंचाई का सुख देती हैं। इसलिए यह ऊंचाई उसे स्वीकार है। ऊंचे शिखरों पर पहुंचना भी उसे पसंद है, क्योंकि यह उससे विजयी होने का एहसास करवाती है।...परंतु पेड़ों की ऊंचाई उसे पसंद नहीं आ रही। पेड़ बेवजह क्यों आदमी के सामने कद निकालकर खड़े हुए जाएं। वह ऊपर उनकी ऊंची टहनियों की ओर देखे तो उसकी टोपी गिर जाए। आम कटकर तश्तरी में परोसे जाकर सामने आ जाए तो स्वादिष्ट है। आम को पेड़ पर लटकते देखने के लिए सिर पीछे की ओर झुकाकर ऊपर देखना बेज़ायका लगता है।

प्रकृति की सुंदरता कोई उसके स्वाभाविक होने में निहित है? कमरे के कोने में कटी हुई वृक्ष की टेढ़ी पुरानी सूखी डाल को पेंट कर बल्ब लटकाकर जलाने में सुंदरता नहीं है? कागज़ के फूल को इत्र के छिड़काव से सराबोर कर प्रेमिका को भेंट करो तो प्रेमिका निःसंदेह पूरा दिन तुम्हारी राह में आंखों के चिराग जलाए रहेगी।

कवियों ने प्रात:कालीन आकाश की पवित्रता, निर्मलता और उज्ज्वलता के लिए क्या-क्या नहीं रच डाला। और वह उस आकाश को सिर उठाकर छूती हुई ऊंचे हरे पेड़ों की फुनगियां...।

मोल करेगा कौन/सो रही उत्सुक आंखें सारी

मत कुम्हलाने दो/सूनेपन में अपनी निधियां न्यारी।

कहीं भर्तृहरि ने कहा है, 'करील वृक्ष में यदि पत्ते नहीं हैं तो वसंत का क्या दोष? उल्लू यदि दिन में नहीं देख पाता तो सूर्य का क्या दोष?'

आदमी ने पेड़ों का सिर कटवा दिया, पेट और पीठ से दरवाजे बनवाकर प्राकृतिक उजास से मुंह फेर लिया, शक्ति के लिए कुर्सी-युद्ध लड़ा।

आदमी पर अजायबघरों की संस्कृति हावी है। पशु को मारकर उसकी खाल में भुस भरवाकर दीवार पर टांग देना, ताकि जब प्रजातियां नष्ट हो जाएं तो बच्चों को दिखा सकें कि ऐसा एक जन्तु हुआ करता था।

ऊंचे पेड़ हमारे जीवन से गायब हो जाएंगे तो क्या हुआ....। हमने बोन्साई की कला विकसित की है। ऊंचे बड़े पेड़ों को कुछ इंच या कुछ सेंटीमीटर ऊंचा रखने की कला। अशोक, जामुन, बरगद, नीम, आम बौने रहकर घर की सुंदरता में कुछ इजाफा करें। महानगरों के कंकरीट के जंगल में यह कला ज्यादा विकसित हो रही है, क्योंकि यह उनको बहुत अनुकूल लगती है।

हमारे यहां हर बड़ा आदमी दूसरों को बौना बनाए रखना चाहता है। जिसके पास कोई इल्म है वह अपना इल्म किसी को देना नहीं चाहता। कोई निकट का चेला आ जाए तो उसे उतना ही देगा जितने से उसका काम चलता रहे। उसका प्रतिद्वंद्वी न बन जाए। शिखर राजनीतिज्ञ दूसरों को बौना रखना चाहते हैं।

वामपथी दलों में तर्कपूर्ण और खुली बहस की बहुत गुंजाइश थी। सामाजिक जीवन के असाधारण रूप से जटिल और बहुमुखी होने तथा बुनियादी अंतर्विरोध खोज निकालने की बात पर जब मेरे एक सक्रिय और समाजवादी क्रांति के लिए अर्पित मित्र ने अपनी बात कहने के साहस किया तो उसे संशोधनवादी कहकर वर्ग-शत्रु घोषित कर दिया गया। शोषण को पुनीत बनाए रखने वाले लोग भी यथार्थ को बदलने का सामर्थ्य किसी को नहीं देते।

वैसे भी यहां आदमी का कत्ल करना गुनाह है, बौना बनाए रखना नहीं। अब एक रहे पेड़ को काट देने वाले पर जुर्माने और सजा की व्यवस्था दी गई है, परंतु पेड़ों की नस्ल को बौना करने वाले को कोई सजा नहीं। वैसे भी मासूम

आदमी की बजाय अपराधी को अपराध और सजा का ज्यादा ज्ञान होता है। अपराध करके छूट निकलने के जितने तरीके उनको पता हैं उतने देश के साधारण नागरिक को नहीं।

नई विश्व व्यवस्था विकास के नाम पर बौना करती है। बहुराष्ट्रीय कंपनियां बेकारी दूर करने और चीज़ों के जायके के नाम पर बेकार करती हैं और खून पीती हैं। बड़े मुल्क मानवतावाद के नाम पर औद्योगिक सामरिक गठबंधन करते हैं।

मां बताती है कि उनके पास के गांव में लड़कियों को पांव में लोहे का जूता पहनाकर रखा जाता था ताकि पैर बड़े न हों।

कुछ विद्वान मित्र रिव्यू का कॉलम पढ़कर ही किताब पढ़े होने का संतोष प्राप्त कर लेते हैं और लेखों में इस तरह उद्धृत करते हैं जैसे उन जैसा ज्ञान के सागर में डुबकी लगाने वाला और कोई न हो। समीक्षक फ्लैप का मैटर पढ़कर और चंद पन्ने उलटा-पलटाकर समीक्षा का काम निपटा लेते हैं।

गांधी को पानी पी-पीकर कोसने वालों ने गांधी को नहीं पढ़ा था। दाढ़ी बढ़ाकर, झोला उठाकर सर्वहारा का साथी बनकर, क्रांति की बातें करने वाले बहुत से आग उगलती तकरीरों वाले साथी मार्क्स एंगेल्स के वास्तविक दर्शन से कोरे थे।

वन संपदा का भारी नुकसान करवाकर उघड़ी तपती धरती को हरे-भरे कद्दावर पेड़ों की जरूरत है। इस वृक्षपूजक धरती पर हमने पेडों से लेना ही लेना सीखा है, कुछ देना नहीं। स्कंदपुराण की तरह अब कोई नहीं कहता—हे वनस्पते! आप मुझे आम्र, बल, यश, तेज, संतति, पशुधन, वैदिक ज्ञान, प्रज्ञा और धारण शक्ति प्रदान करो। वन संपदा को बचाने के लिए ताड़, खजूर, चीड़ की लंबाई समाप्त कर बोन्साई तैयार करने से हमारा काम चल जाएगा।

शायद हम अपनी जन्मभूमि, जनता और हवा के प्रति कोई फर्ज अपने भीतर अनुभव नहीं करते। हमारा चुना हुआ नेता, हमारा पढ़ा हुआ प्रशासनिक अधिकारी हमें दुत्कारने, पीटने और बौना करने में फख्र महसूस करता है। हमारे श्रेष्ठ वैज्ञानिक और इंजीनियर अपने अर्जित ज्ञान का लाभ विदेशों को देने में अभिमान महसूस करते हैं। इनसे उपजती है स्टेटस सिंबल की संस्कृति। वैसे बोन्साई स्टेटस सिंबल ही है।

भारत में पेड़ों की बोन्साई कला के माहिर हैं ज्योति और निकुंज पारेख। बोन्साई पर उनकी किताब भी आई है—'वंडरवर्ल्ड ऑफ ट्रॉपिकल बोन्साई'।

माहिर लोगों के काम पर टिप्पणी के लिए माहिर लोग ही चाहिए। पर हमें कुछ-न-कुछ कहने की आदत है। किताब में प्राकृतिक पर्यावरण के नष्ट किए जाने पर चिंता प्रकट की गई है। एक ट्रे में जंगल उगाकर हम ओजोन की छीजती पर्त का जवाब देंगे। ड्राईंग रूम के कोने में चीड़ का बौना सात इंच ऊंचा पेड़ तैयार कर पर्वत का क्षरण रोकेंगे।

होने वाले अमीर ससुर को पत्र

मेरी होने वाली पत्नी के डैडी जी

मेरा प्रणाम स्वीकार करें। डैडी, मुझे लगता है कि मैं ही आपका आज्ञाकारी बेटा बन सकता हूं। आप चाहेंगे कि मैं अमेरिका चला जाऊं, मैं चला जाऊंगा। यकीन मानिए, आप जैसे ही एयर टिकट मेरे हाथ पर रखेंगे, मैं अपनी भूखी-नंगी नौकरी और हरे नोटों के बीच सूना दफ्तर छोड़कर अंतर्राष्ट्रीय हवाई अड्डे की ओर भागने में एक दिन न लगाऊंगा। आप ऐसा नहीं चाहेंगे तो लगी-लगाई नौकरी को लात मारकर आपकी फैक्ट्री ज्वाइन कर लूंगा। मेरा आत्मसम्मान और पुरानी कहावतें (ससुर के घर जमाई कुत्ता) आप और देश के भविष्य पर कुर्बान। अब सारे राजनेता, ठग और घूसखोर देश के भविष्य पर कुर्बान होकर फल-फूलकर हाथी की नाईं हो रहे हैं। देश की सेवा का व्रत लेते ही उनके हाथों में मोबाइल, चेहरे पर आत्मविश्वास और पैरों के नीचे मैरून रंग का नर्म कालीन बिछ जाता है। आपकी पचास करोड़ के आर्डर का भुगतान करने वाली फैक्ट्री का प्रदूषण हमारे सिर-आंखों पर। जब से मैंने इसके बारे में सुना है, अपने को इसकी प्रगति के लिए घर-परिवार को तिलांजलि दे देने की हद तक तैयार पाया है।

राधेश्याम मंदिर के बाहर जिस दिन से आपकी गाड़ी देखी है, मन में उमंगें हिलोरें लेने लगी हैं। मैं आपको क्या बताऊं कि मुझमें क्या-क्या परिवर्तन आने लगे हैं।

जिस रास्ते से मैं रोज दफ्तर जाता हूं, उस रास्ते में मेरा स्कूल है, जिसकी दीवार पर मोटे अक्षरों में लिखा है—'चरित्रवान बनो', 'विद्या हमारा तीसरा नेत्र है'। पहले दफ्तर जाते हुए मैं इस स्कूल की दहलीज को मन-ही-मन प्रणाम किया करता था। आपकी गाड़ी देखकर उधर देखना भी बंद कर दिया। उन दिनों बोर्ड (स्कूल एजूकेशन बोर्ड) के पर्चे स्कूल के बोर्ड (ब्लैक बोर्ड) पर हल करके देने का रिवाज नहीं था। इधर देखना इसलिए बंद नहीं किया कि मैं आज

आसानी से अच्छे नंबर मार सकता था! अलबत्ता इसलिए कि इस स्कूल ने मुझे छोटी नौकरी और टूटा स्कूटर तो दिलवा दिया, परंतु अनपढ़ रहकर मैं जो फैक्ट्री का मालिक या नेता होकर बिना नौकरी किए गाड़ियों में घूम सकता था, उसकी सुविधा से सदा-सर्वदा के लिए वंचित कर दिया। मैं भी सस्ती मजदूरी से महंगा उत्पादन करवा सकता था। माइक पर झूठे वायदों और रंग-बिरंगे सपनों का संसार दिखा सकता था। आदमियों की दुम जलाकर किसी को मुसलमान और किसी को हिंदू बना सकता था। लकड़ी के खोंचे और फूस जलाकर लाखों का बीमा बटोर सकता था। परंतु इस स्कूल, स्कूल की विद्या के तीसरे नेत्र और चरित्र कवच ने मुझे सिरफिरा आंकड़ेबाज बना दिया।

दूसरा परिवर्तन यह आया कि मुझे बस से आने-जाने की जगह एयर-बस अच्छी लगने लगी है। खद्दर पहनता हूं तो मेरे मुंह से उसूलों की बातें निकलने लगती हैं, नेकटाई पहनता हूं तो सहन न करके लोगों का हाजमा बिगाड़ देता हूं।

परिवर्तन तो और भी हैं परंतु आप समझेंगे कि मैं व्यर्थ की हांक रहा हूं और व्यावहारिक बात न करके आपका समय नष्ट कर रहा हूं। अब काम की बात सुनें।

मेरे पास आपके आराम और आपकी मुनाफाखोरी के लिए कुछ अचूक नुस्खे हैं। मैं तो मात्र आपकी बचत के सर्विस चार्जेज पर ही संतुष्ट हो जाने वाला व्यक्ति हूं। आपकी फैक्टरी में जहां डेढ़ हजार आदमी काम कर रहे होंगे, मैं उतना ही काम एक हजार व्यक्तियों से करवा दूंगा। नहीं-नहीं, आपको पछताना नहीं पड़ेगा। कोई मुकदमेबाजी नहीं होगी। पांच-पांच, दस-दस लोगों को बुलवाकर इस्तीफे लेकर रख लिये जाएंगे। वे इस्तीफे क्यों देंगे, यही जानना चाहते हो न? उनके साथ एक नई खुलने वाली कंपनी का वायदा किया जाएगा, जहां उनकी पगार डेढ़ गुणा हो सकती है। इस्तीफों के दौर के बाद नई कंपनी का फट्टा हटा दिया जाएगा।

आप बेशक सफेद बास्केट पहनना शुरू कर देना। राजनीति अब बिजनेस ही है। एक बार पैसा लगाओ, मेहनत करो, चमकीले वादे दो, फिर आराम से बैठकर खाओ। इस मंडी में ग्लोबल-ग्लोबल खेलते रहो। फैशन शो की मेजबानी करो। अधनंगी बालाओं को देखो। जवान बेटी के बाप हो जाने पर इच्छाओं का गला घोटने की नैतिकता को बाहर का रास्ता दिखाओ। अपने ब्रांड का मॉडलिंग करती बालाओं के कंधे पर हाथ रखकर मुस्कराते हुए का फोटो तो पहले ही अखबार में देख चुका हूं। पैसा हो तो नैतिकता को आप खुद डिजाइन कर सकते हो।

आप चाहें तो अपनी पुरानी कार मुझे देकर लंबी गाड़ी खरीद सकते हो। अब कंपनियां पुरानी कारें लेकर नई करके बेचने लगी हैं। राजनीति में भी 'पुरानी शराब नई बोतल' का फार्मूला चलता ही है। मैं इसी दस्तूर पर चलता रहूंगा कि नया-नया आपका, पुराना-पुराना मेरा। दूध भी आपका, मलाई भी आपकी, मक्खन भी आपका, छाछ तो मुझे पीने देंगे न!

यही दस्तूर बाकी चीज़ों के साथ निभाया जाएगा। आप यह जानना चाहेंगे कि इसका आपको क्या लाभ? सो मैं पहले ही बता देता हूं कि इसका लाभ यह होगा कि मैं आपकी बेटी को कभी ताना नहीं मारूंगा कि उसके पिता ने कोई आउटडेटेड चीज़ दहेज के नाम पर मढ़ने की कोशिश की है।

आप समझने की कोशिश करें। समाज की धारा बदल रही है। घुटन में बातें छिपाने की जगह साफ बातें करना अच्छा।

वैसे मैंने आपकी बेटी को देखा नहीं अभी। परंतु वह काली होगी तो मैं कह दूंगा कि मुझे सांवलेपन से लगाव है। ठीक से चल नहीं पाती होगी तो कहूंगा कि रखो मेरे कंधे पर हाथ। (आप जो सहायिका साथ भेजेंगे, उसी के साथ पार्क तक घूम आया करूंगा।) मैं बस इतना जानता हूं कि आप अपने जवांई बाबू को दस प्रतिशत का पार्टनर बनाने वाले हैं। आप मेरी योग्यता पर विश्वास रखें। थोड़े ही समय की बात है, मैं अपनी प्रगति दिखा दूंगा। आप देखते रह जाएंगे जब आपके पास दस प्रतिशत ही रह जाएगा। दस प्रतिशत संपदा किंतु एक प्रतिशत भी नहीं...एक बात और बता दूं—मैं जिस डाली पर बैठता हूं उसे काटता नहीं कभी। परंतु अपनी योग्यता न बताऊं तो आप अपनी बेटी का हाथ किसी दलाल, ठेकेदार, अफसर को सौंप बैठेंगे और मुझ-जैसे फर्माबरदार की योग्यता का लाभ नहीं उठा पाएंगे।

शुभ कामनाओं के साथ—

आपके देखने आने की इंतजार में

क.ख.ग.

लाइन में आओ

अब वह मंत्री हैं। उनको सदा आगे रहने की आदत रही है। मैं उनके बारे में ऐसा इसलिए कह रहा हूं क्योंकि मैं बहुत पहले से उनको जानता हूं, तब से जब वह अभी राजनीति में नहीं गए थे।

हम कहीं भी लाइन में पीछे जाकर खड़े हो जाते और हिंदी के अध्यापक की शिक्षा के मुताबिक अपनी बारी की सहनशीलता से प्रतीक्षा करते। वह सबसे आगे जाकर खड़े हो जाते। आगे वाले दो-तीन लोगों से बातचीत शुरू कर देते कि लोगों को पता नहीं हो क्या गया है। कोई अपनी बारी की प्रतीक्षा ही नहीं करना चाहता। फिर दनदनाते हुए कहते—"सभी लाइन में आएंगे, किसी ने लाइन तोड़ी या धक्का मारने की कोशिश की तो ठीक नहीं होगा।"

आगे वाले उन्हें परम प्रतापी समझकर उनका काम पहले करवा देते और दो मिनट से पहले मैदान मार लेने की तर्ज में चलते हुए वह ओझल हो जाते। लाइन में खड़े-खड़े हमारे कपड़े पसीने में भीग जाते। कमीज पर पिछले वालों के हाथों के निशान लगे होते। कपड़े हफ्ताभर से पहने हुए लगने लगते। वह 'मेरी कमीज तेरी कमीज से सफेद ऐसे' का उद्घोष करते निकल जाते।

घर पहुंचकर मम्मी हमारी परेशान मिलती—"तू कहां था अब तक?"

—लाइन में लगा था।

—गुल्लू तो कब का आ गया।

उनमें राजनीतिज्ञ के स्वाभाविक गुण तभी से थे। इन्हीं गुणों ने उन्हें धीरे-धीरे मंत्री पद तक पहुंचा दिया और हमें एक साधारण कलमनवीस बना दिया, जो दिनभर लाइन में लगा रहता है और रात को थकान दूर करने की जगह अंधेरी लाइनों में शब्दों के जुगनू छोड़ता रहता है।

कलमनवीसी भी हिंदी की, जो न राष्ट्रीय भाषा बन पाई, न उन्नत समाज की भाषा। जिसके नेता-अभिनेता सिर्फ अभिनय के वक्त कैमरों के सामने ही

हिंदी बोलते हैं। जिसकी रोटी खाने वाले रोटी खाकर डकार अंग्रेजी में लेते हैं और लात हिंदी को मारते हैं। हिंदी की तोड़ते हैं। हम सारा साल हिंदी में धक्के खाते रहते हैं, वह साल बाद हिंदी सभा की अध्यक्षता करते हैं और हमें हिंदी का दीप जलाए रखने का उपदेश पिलाकर विदा हो जाते हैं। हमारे घर के लोग हमारे लिखने की आदत से परेशान रहते हैं, बाहर के लोग हमारा लिखा हुआ पढ़ने के बाद। उनसे घर-बाहर कोई परेशान नहीं रहता। जो परेशान रहते हैं, वे भी कहते हैं—ज्यादा टैक्स भरकर, मिलावट वाला खाना आधा पेट खाकर, छोटे-छोटे काम के लिए दफ्तरों के धक्के ख़ाकर, पुलिस से पिटकर, तुम्हारे लश्कर के आगे-पीछे की गाड़ियों का धुआं पीकर भी हम वोट आपको ही देंगे। क्योंकि इस हमाम में आप नंगे हो तो दूसरे महानंगे। आप चोर हो तो दूसरे डाकू। आपके कार्यकाल में आधी रोटी और अचार खा रहे हैं तो उनके कार्यकाल में रोटी नहीं रह जाएगी, आचार-व्यवहार ही रह जाएगा।

हुआ यह कि शहर के बीचो-बीच खड़ी लाइब्रेरी और लाइब्रेरी की जगह पर तुम्हारे किसी साले की नज़र पड़ गई। इधर जैसे-जैसे तुम्हारा रुतबा, धन-संपदा और हिंसा परमो धर्मा क्षेत्र का कार्य-व्यवहार बढ़ता चला गया वैसे-वैसे तुम्हारे घोषित-अघोषित साले-सालियों की फेहरिस्त में इजाफा होता चला गया।

तुम्हारे साला-साली चाहते थे कि लगे हाथों अपने शहर का भी कल्याण कर दिया जाए। उनका इरादा बन गया कि लाइब्रेरी को यहां से हटा दिया जाए। इसकी जगह नीचे शॉपिंग कॉम्पलेक्स और ऊपर आधुनिक साज-सज्जा का रेस्तरां तथा पाश्चात्य संगीत और नृत्य के लिए हॉल रखा जाए। लाइब्रेरी का क्या है, यहां से सोलह या बीस किलोमीटर किसी उजाड़ जगह पर दो कमरे खड़े कर बना देंगे। अगर किसी को कुछ पढ़ना है तो दूर जाने की परीक्षा भी पास करे ताकि पता चले कि है कितना दम।

पांच-सात लोगों का एक शिष्टमंडल लाइब्रेरी न धकेले जाने संबंधी मसौदा लेकर उनसे मिलना चाहता था। मुझे साथ इसलिए खींच लिया गया कि मैं बेशक उनकी पंक्ति के अंत में सदा रहा हूं परंतु पंक्ति में तो रहा हूं इसलिए बातचीत का सुभीता रहेगा। उन्होंने सर्कट हाउस के बाहर हमें खूब इंतजार करवाया। पहले ठेकेदारों से मिले, फिर मनसबदारों से, फिर चाटुकारों और अहलकारों से। जब लंच के लिए उठने वाले थे, तब हमें बुलवाया।

मुझे देखकर कहा—अच्छा, आप! आपमें तो बहुत सहनशीलता है, बड़ा धीरज।

—जी हां, इसीलिए तो सुबह से प्रतीक्षा कर रहे हैं। मुझे लगा कि मेरी वजह से मेरे साथवालों का बनता काम न बिगड़ जाए, इसलिए कागज़ आगे बढ़ा दिया।

उन्होंने मरे चूहे की दुम की तरह कागज पकड़ा और पी.ए. को थमा दिया। फिर कहा—आप लोग ऐसे काम क्यों नहीं करते जिससे गरीब जनता आपसे जुड़े!

—यह काम भी गरीब जनता के भले के लिए ही है।

—गरीब कहां पढ़ते हैं? मेरा मतलब था कि आप लोग जगराता करवाएं, मजार पर कव्वाली गवाएं, अखंड पाठ करवाएं। कोई धर्मस्थान बनवाएं। चंदा उगाहने की कोई जनकल्याण समिति बनाएं।

—और आपको उसका अध्यक्ष बना दें? पतंगा जी ने कह दिया।

—इसकी क्या जरूरत है! उन्होंने कुछ इस तरह कहा जैसे कह रहे हों कि आप खुद समझदार हो। समझदार को इशारा ही काफी है।

दूध का पानी, पानी का दूध

दूध में पानी मिलता रहता तो शायद अभी काफी देर तक चल सकता था। शायद तब तक जब तक डेयरी वाले के नल में पानी आता रहता या फिर उसकी भैंस खुद न आकर मुझे बता देती कि गुजराल जी, मैं तो देती हूं शुद्ध दूध ताकि हमारे समाज की अक्ल बढ़ती रहे परंतु यह डेयरी वाला मिलाता है उसमें पानी ताकि इसकी एक बिल्डिंग और खड़ी हो जाए, जिसमें भैंसों की जगह गाड़ियां खड़ी हों।

परंतु इस बीच करिश्मा यह हुआ कि बिल्ली ने हमारा दूध पीना बंद कर दिया। पहले तो पंजे से फ्रिज तक खोल लेती और आराम से चट कर जाती (ऐसी ही शरारती और हमलावर रही है शुरू से), परंतु अब झांककर भी न देखती।...कई बार श्रीमती ने बाहर दूध छोड़कर आमंत्रित भी किया परंतु कमबख्त ने पंजा तक न आगे बढ़ाया। हमने कारण पूछा तो बिल्ली ने आंखें तरेरकर देखते हुए हमसे कहा—इसे तुम दूध कहते हो...?

—हम तो इसी दूध की चाय पी-पीकर शेर हुए हैं।

—यह दूध नहीं है, पानी में दूध है।...और मुझसे शेर की बात नहीं करना। उसे भी मैंने एक रहस्य नहीं बताया था।

हमने तो शेर की बात इसलिए कही थी क्योंकि बचपन में जब हम दूध पीने से इनकार कर देते थे तो मां कहा करती थी—दूध पी ले, बेटा, नहीं तो शेर कैसे बनेगा...।

—किस शेर की बात कर रहे हो? आजकल शेरों का शहरीकरण हो गया है।

उसने मेरा रास्ता काटा और चलती बनी।

पत्नी की इस बात ने मुझे कुछ ज्यादा उत्तेजित कर दिया था कि हर महीने की तनख्वाह का एक बड़ा हिस्सा खजानसिंह के पास दूध के बिल का जाता है

और दूध मिलता है कच्ची लस्सी।

मैंने चप्पल पहनी और सीधा डेयरी की ओर चल दिया। हालांकि पत्नी की इच्छा नहीं थी कि मैं चप्पल पहनकर वहां जाता। चप्पल गोबर से लिथड़ जाती हैं और धोने से खराब हो जाती हैं।

पिछली बार मैं बेख़याली में नई चप्पल पहनकर दूध का बिल देने चला गया था। घर आकर नल के नीचे पानी से धोते हुए चप्पल का तला अलग हो गया था। जब श्रीमती जी ने चप्पल की दुकान वाले से शिकायत की कि नई चप्पल डेढ़ सौ रुपये की खरीदी थीं, डेयरी पर पहनकर गए तो आकर धोते ही टूट गईं। दुकानवाले ने उलटा हमें फटकारा—आजकल कोई शरीफ आदमी डेढ़ सौ की चप्पल पहनकर कभी डेयरी पर जाता है?

—डेयरी क्या मंदिर है, जहां चप्पल पहनकर नहीं जाना चाहिए?

—नहीं, भैंसें अपनी चमड़ी पहचान लेती हैं और नाराज होकर शाप दे देती हैं।...आपने देखा नहीं डेयरी पर काम करने वाले भैये रबर या प्लास्टिक का जूता पहनते हैं।

—हां, देखा तो है।—पत्नी ने भोलेपन से कहा और घर चली आई।

पत्नी ने पूरी बात रात को मुझे बताई। मैंने पूछा—क्या तुमने उस दुकानदार की बात पर यकीन कर लिया?

उसने मुस्कराकर कहा—आजकल बढ़िया कीमत लेकर घटिया चीज़ देने का रिवाज हो गया है। डेढ़ सौ की चप्पल में उसने चालीस कमाए होंगे। मैं समझ गई थी कि बदलकर नई चप्पल तो वह देगा नहीं। क्यों न उसकी दिलचस्प बात को पांच-दस लोगों को सुनाकर मनोरंजन कर लिया जाए।

—जब तुम इतना बड़ा रहस्य जान गई हो और तुमने इसे आत्मसात भी कर लिया है, तब डेयरी के दूध को लेकर इतनी हाय-तोबा क्यों मचाती हो?

उसने अपने देश के प्रजातंत्र जैसा जवाब दिया—सुनिए जी, सेहत को लेकर हम कोई समझौता नहीं करेंगे, मेरी यह बात गांठ बांध लें।

जब मैं डेयरी पहुंचा, खजानसिंह दातुन कर रहा था। रोज सुबह काफी देर तक वह दातुन करता रहता। जब कभी हम दूध की अपनी डोलची में मक्खी, मच्छर या ऐसी किसी चीज़ के गिरे होने की शिकायत करते वह उसी दातुन को मुंह से निकालकर दूध की डोलची में से मक्खी-मच्छर निकालकर बाहर फेंक देता और कहता—समझ नहीं आता तुम लोग पढ़े-लिखे होकर इतना वहम क्यों करते हो? आखिर मक्खी-मच्छर कितना दूध पी जाएंगे?...और फिर ये बेचारे

जाएं तो जाएं कहां?

मैंने उसे देखकर उस दिन दूर से ही काफी गुस्सा चढ़ा लिया था ताकि वह बात को गंभीरता से ले। हंसी में न उड़ा दे।

—सरदारजी, हमारा दूध बड़ा पतला आ रहा है।

—कल से मोटा कर देंगे।

मुझे बिल्ली की तनी हुई आंखें याद आईं।

—लेकिन दूध इतना पतला क्यों होता है...? मलाई जरा नहीं आती।

—गर्मी के दिन हैं, बाऊजी। भैंसें पानी बहुत पीती हैं।

—सर्दियों में भी पतला होता है।

—सर्दियों में कौन-सा कॉफी पीती हैं?

—इतना पानीवाला दूध हमें नहीं चाहिए।

—आपको दूध मिलेगा शुद्ध गांधीजी की बकरी जैसा।

—तब ठीक है।

—परंतु एक भेद की बात बता दूं। उसने थूकभरा दातुन सिर के पास लाते हुए कहा।

—क्या?

—गांधीजी की बकरी खाती थी अंगूर। हमें भैंस को भूसा खिलाना भी मुश्किल हो रहा है...। दूध दस रुपए किलो नहीं, ग्यारह रुपए किलो लगेगा।

पत्नी ने पूरी बात सुनकर चैन की सांस ली। कहा—पैसों की कोई बात नहीं। दूध अच्छा मिलना चाहिए। सेहत से अच्छा कुछ भी नहीं होता।

वह जनता का प्रतिनिधित्व कर रही थी। जब चुनाव घोषित हो जाता है और लगता है कि कुछ बदलेगा।...शायद नए वादे ही रंग लाएं...।

खजानसिंह की दातुन पहले से जरा लंबी थी।

—सरदारजी, दूध तो वैसा ही आ रहा है।

—तब तो बाऊजी, आपको बारह रुपए किलो वाला दूध देना पड़ेगा...परंतु वह आपके लिए ठीक नहीं रहेगा।

—क्यों भाई, शुद्ध दूध पीते मेरी सेहत बनेगी कि खराब होगी!

—बाऊजी, आपको हो गई है नकली और बनावटी चीज़ों की आदत, शुद्ध दूध पचाना कोई खालाजी का घर है?

—खाला का घर हो या साले का...हमें दूध प्योर चाहिए, एकदम शुद्ध।

—तब मेरे पास एक स्कीम है....। शुद्ध दूध पीने के लिए आप क्या कर

सकते हैं।

—मैं कुछ भी करने को तैयार हूं।

—तब मेरी स्कीम सुनो...।

स्कीम यह थी कि मैं और खजानसिंह आधा-आधा पैसा लगाकर एक गाय खरीदेंगे। खजानसिंह का आदमी सुबह-शाम दूध निकाल दिया करेगा। दूध में कुछ गड़बड़ न हो, इस तसल्ली के लिए गाय मेरे घर में ही बांधी जाएगी। जरूरत का दूध मुझे देकर बाकी दूध खजानसिंह के यहां बिक जाएगा। चारे और दूध निकालने वाले के पैसे काटकर लाभ आधा आधा हो जाएगा।

पत्नी को गाय घर में बांधना बड़ा अटपटा लगा। इसके लिए जगह भी नहीं थी...। जब मैंने शुद्ध दूध और सेहत के मामले में कोई समझौता न करने की बात याद दिलायी तब उसने मान लिया।

हम रसोई उठाकर बैडरूम में ले गए। गैस रखने की जगह पर गाय बांधने का खूंटा गाड़ दिया। बर्तन धोने की जगह का पत्थर तोड़ते हुए दर्द तो हुआ परंतु वहां चारे का टब रखना जरूरी था।...धीरे-धीरे बैठक से सोफा हटा दिया गया। वहां गाय का गोबर पड़ा रहता।

हम सेहत बनाने के चक्कर में थे और हमारे पड़ोसी हमसे युद्ध छेड़ने की तैयारी में, क्योंकि अब उनके लिए मलेरिया और हमारे में कोई फर्क नहीं रहा था। हम सारी-सारी रात सो नहीं पा रहे थे, क्योंकि गाय रातभर बोलती रहती। हम दिनभर उंघते रहते और नींद भगाने के लिए ड्राइवरों वाली स्ट्रांग चाय पीते।...शाम को एक-दूसरे से अजीब-सी थकान से भरकर पूछते—क्या हमारी सेहत ठीक हो रही है?

गाय का दूध लगातार कम हो रहा था।

पत्नी को लग रहा था कि खजानसिंह ने बीमार गाय हमारे हिस्से में डाल दी है। मैंने जब खजानसिंह से दूध लगातार कम होने की बात कही तो उसने खाता खोलकर दिखा दिया कि उस गाय को पहले ही ज्यादा चारा खिलाया जा रहा है।

पत्नी रात को उठ-उठकर गाय को देखती। उसे लगता कि वह काफी बीमार हैं। खजानसिंह अगर डॉक्टर को दिखाने के पैसे नहीं देना चाहता तो हम अपनी जेब से खर्च करेंगे परंतु निरपराध को मरने नहीं देंगे।

वैसे मुझे पत्नी ज्यादा बीमार लग रही थी परंतु मैं गाय के लिए डॉक्टर बुलाकर लाया।

डॉक्टर की सुझाई हुई दवा लेकर आने से पहले गाय मर गई...।

पत्नी बहुत उदास रह्ने लगी। गाय खरीदते वक्त मैंने अपनी ओर से तीन हजार रुपए दिए थे। बकौल खजानसिंह इतने ही उसने दिए थे। गाय के मर जाने पर उसने अपने तीन हजार रुपये मुझसे मांगने शुरू कर दिए।

मैंने कहा—यह कहां का इंसाफ है?

उसने कहा—जिंदा थी गाय तो हम दोनों की। मर गई तो तुम्हारी।

—यह क्या बात हुई!

—जब तुम्हारे घर में बांधी थी, तब गाय जिंदा थी?

—हां।

—मरी तुम्हारे घर में?

—हां, परंतु वह पहले ही बीमार थी।

—इस बात को साबित कौन करेगा?...अभी तो मैं चारे के पैसे नहीं मांग रहा।

—दूध भी तो जाता रहा।

—दूध निकालने वाला पगार भी लेता है।

मरता क्या न करता, मुझे तीन हजार रुपये देने पड़े। पत्नी गौ-हत्या के लिए ख़ुद क़ो अपराधी मान रही थी...पंडितों को दान-दक्षिणा देना और प्रायश्चित्त करना अभी बाकी था।

मैंने यह सारी कथा बिल्ली को नहीं, बिल्ली जैसी आंखों वाली लड़की को सुनाई।

उसने कहा कि जिस खजानसिंह की शिकायत की जा रही है, उसकी जगह पुलिस को रखकर देखें तो...?

मैं असमंजस में भर उठा।

प्रदूषण नहीं, जनतंत्र

उन दिनों वह बहुत उदास थे।

लिहाजी स्वभाव संकीर्ण हो गया था। न हो-हो, न हाय-हाय। जूतों की पालिश छूट गई। नेकटाई ढीली रहने लगी। दिन में कई बार हिप-पॉकेट से निकालकर कंघी करते थे। आगे के हिस्से से माथे का आकार फैलने लगा था और चंदिया चमकने लगी थी।

पिछले कुछ दिनों से चपरासी बार-बार उनकी मेज के पास नहीं आते थे। गोरखा ने कड़क करारा सेल्यूट मारना बंद कर दिया था। दो-एक दिन उनकी मेज पर पानी का गिलास रखना तो दूर, मेज पर फटका भी नहीं लगाया गया।

उनमें वह चुस्ती, बांकपन और फुर्ती नहीं नज़र आई। सीटी बजनी तो दूर, होंठ गोल ही नहीं हुए। उनकी इस मिजाज में पहचान बाथरूम के धुंधले दर्पण को भी नहीं थी।

अब वह जाकर खिड़की के पास खड़े रहकर सड़क की गतिविधियों की पैमाइश करते नजर आते। एक दिन तो कमला ने उन्हें शेर गुनगुनाते हुए भी सुना।

आंखों की नींद दिल का सकूं ख्वाब हो गया
मैं सोचता हूं ये भी कोई जिंदगी हुई।

आदतन वह ग़ज़ल को गजल कहती थी और मुझसे इस गजल का अगला शेर पूछती रही।

मैंने कहा—मुझे अगला शेर तो याद नहीं, लेकिन एक शेर याद है—

कमबख्त दिल जला है तो घर भी जला के देख
दुनिया को कुछ पता तो चले, रोशनी हुई।

तेजिंदर साथ वाली मेज पर था। कहने लगा—यह तो ठीक है लेकिन यह महाशय ज़िंदगी में इतने उदास क्यों रहने लगे हैं?

मैंने कहा—महंगाई बहुत है। मूल्य टूट रहे हैं। देश की जनता का अपने

नेताओं से मोह-भंग हो चुका है। जनतंत्र को चूना लग रहा है। मध्यवर्गीय दृष्टि में साहस का अभाव है। उदास होने का कोई भी कारण हो सकता है।

उसका जवाब था—भाई साहब, आपकी बात सही हो सकती है लेकिन उनके संदर्भ में सही नहीं। इस वीराने में फूल नहीं खिलते...। उनकी नैतिकता भी बहुत कुछ शेमप्रूफ है।...मामला कुछ और ही है।

शाम को वह मेरे यहां चले आए। मेरे गमले में गुलाब देखकर पूछा—आप कैक्टस नहीं उगाते?

पत्नी ने जवाब दिया—बस मौका ही नहीं मिला।

—आप कैक्टस से प्यार करके देखो। आपका समाज को देखने का दृष्टिकोण बदल जाएगा।

—सो कैसे?

—जिंदगी में हतोत्साहित करने वाली चीज़ें बेशुमार हैं, आपको नहीं लगता?

—लगता तो है परंतु फिर भी हम जीते हैं और जीने के तरीकों पर भरोसा करते हैं।

पल-दो पल बाद उन्होंने कहा—मनुष्य को जानते हो क्या चाहिए?

—क्या?

—संयमित आहार।

—ज्यादा खाने से मोटापा आता है। गैस बनने लगती है। हार्ट अटैक भी हो सकता है। आदमी बहुत सोचने लगता है।

—मैं आपका मतलब नहीं समझा।

—शील को दो-दो सीटें दे दी गई हैं, दफ्तर में देखा तुमने? बिल पास करने की भी।

—इसमें बुरा क्या है, वह ज्यादा काम कर सकता है।

—यह तो कोई जनतांत्रिक बात नहीं। बिल तो मैं भी पास कर सकता हूं। काम का अधिकार सभी को बराबर का होना चाहिए।

—आपको काम तो दिया गया है न।

—यह भी कोई काम है! सालों पुराने रिकार्ड में कपड़े गंदे करते रहो।

—वह कम्प्रोमाइज़ कर सकता है?

—हम भी तो कम्प्रोमाइज़ करते रहे हैं। मेरे भाई सेना में थे। भाभी कहती थी कि मेरा प्यार उनके टेबल लैंप में जलता है। मेरा कम्प्रोमाइज़ एकाउंट अफसर के किचन में गैस की जगह जलता है।...जी हां, मैंने अपनी गैस तक उन्हें दे दी।

मुझे बुरा लगा। मैंने कहा—तो क्या आपका मकसद काम का अधिकार पाना नहीं?

—आप तो बूंद और बादल का फर्क करते हो। क्या बिल पास करना काम नहीं?

—काम है, लेकिन और भी काम हैं।

—और काम करने वाले भी हैं। वे पगार नहीं लेते?

—पगार तो आप भी लेते हो।

—शील भी लेता है। उसे ही क्यों दो-दो सीटें मिलें! आप घात की बात नहीं सोचते। मेरा दर्द नहीं समझना चाहते।

उन्होंने निहायत उदासी के साथ एक शेर टिकाया और चल दिए। शेर था—

नहीं उम्मीद कि हम आज की सहर देखें
ये रात हम पे कड़ी है, बस ठहर जाओ।

शेर सुनकर पत्नी इतनी उदास हो गई जैसे घर में उनकी बहनों की जगह मेरी बहनें आ गई हों। कहा—आप उनके लिए कुछ करें।

—क्या करूं? देख रही हो वह काम का अधिकार किस ढंग से चाहते हैं।

—जो पार्टी मिलकर सरकार बनाती है वह कभी कहती है कि उनकी पार्टी इसलिए समर्थन वापस ले रही है कि उनके चार शीर्ष चमचों को मंत्री नहीं बनाया गया। यही कहती है—अब सच्चा जनतंत्र नहीं रहा इसलिए वह समर्थन वापस लेंगे।...और फिर आपको अपने लिए तो कोई सीट चाहिए नहीं, इनके लिए तो कह सकते हो। बेचारे देखो तो गुलाब की जगह कैक्टस से प्रेम करने लगे हैं।

हमने भी आव देखा न ताव, एकांत पाकर मामला जी.एम. के सामने उठा दिया। उस समय जी.एम. की चापलूसी करते हुए भी हमारे चेहरे पर एक मिशनरी उजास रहा होगा। उपकार के प्रकार की मुद्रा कुछ ऐसा शहीदाना ही होती है।

—उन्हें स्पॉट लाइट की आदत है, सर। स्पॉट लाइट उन पर नहीं रहेगी तो अंधेरे में चले जाएंगे। वैसे भी आजकल दफ्तर में उनका मन नहीं लग रहा। सारा-सारा दिन खिड़की के बाहर झांकते रहते हैं। बचे-खुचे बालों में ठीक से कंघी भी नहीं करते और सारा दिन उर्दू की उदास शायरी याद करते रहते हैं।

परंतु उनका अप्रभावित चेहरा सामने वाले की दुनिया में दिलचस्पी खत्म कर रहा था।

हमने फिर बात का सिरा थामा, कहा—सर, आपको क्या फर्क पड़ता है कि

काम वह करें या कोई और।

उन्होंने चोंच खोली और कहा—सरकार नहीं चाहती कि वह यही काम करें।

हम हैरान कि सरकार यहां कहां आ गई। फिर लगा कि शायद जी.एम. ही सरकार हैं।

—एक मिमियाते आदमी को शेर की दहाड़ देने का सवाल है, सर। कुछ सोचिए।

—असल प्रॉब्लम पता है, क्या है? वह विश्वसनीय नहीं हैं।

—नहीं, सर, ऐसी बात नहीं है। सीट के लिए वह त्यागी, पराक्रमी और विश्वसनीय हैं। उनका दिल गैस की तरह दूसरों के यहां जलता है।

—मैंने उसे एक काम सौंपा था, मामूली-सा। वह भी नहीं कर पाया।

—कौन-सा काम, सर?

—बेटी की परीक्षा-भवन में हेल्प करवानी थी। वह कहता रहा कि काम ठीक हो रहा है। पता तब चला जब वह फेल हो गई।...यह तो शुक्र है कि परिणाम आने से पहले पता चल गया और शील जी ने जाकर पर्चे में ही अंक बदलवा दिए, नहीं तो नाक कट जाती।...वैसे भी वह छः महीने उस सीट पर काम कर चुके हैं। उनको वही काम देना जनतांत्रिक भी नहीं है। ●

तरसेम गुजराल

जन्म : 10 अप्रैल, 1950—जालंधर

शिक्षा : एम.ए. (हिंदी), पी-एच.डी.

कृतियां :
- जलता हुआ गुलाब
- कोई एक दिन
- राख और चीलें
- फूल खिलने की आवाज़ नहीं होती
- सुबह के साथ
- इतना सब होने के बावजूद
- सीढ़ियां और शिखर
- मटमैला आकाश
- घोड़े की नाल

आकाशवाणी और दूरदर्शन से विभिन्न साहित्यिक और सांस्कृतिक विषयों पर सजग भागीदारी। आठ पुस्तकें संपादित। नौ पुस्तकें अनुवादित।

सम्मान : पी-एच.डी. मिलने पर नवरंग द्वारा सम्मानित। निबंध-लेखन पर भाषा विभाग, पंजाब द्वारा सम्मानित। 'जलता हुआ गुलाब' उपन्यास पर प्रेमचंद महेश सम्मान और पंजाब कला साहित्य अकादमी द्वारा सम्मानित। 'कोई एक दिन' पर भाषा विभाग, पंजाब का सुदर्शन सम्मान। 'फूल खिलने की आवाज़ नहीं होती' काव्य-संग्रह पर भाषा विभाग, पंजाब का ज्ञानी संतसिंह पुरस्कार। 'राख और चीलें' काव्य-संग्रह पर केंद्रीय हिंदी निदेशालय का पुरस्कार, गुरु नानक विश्वविद्यालय द्वारा सम्मानित। कथा-लेखन के लिए पंजाब कला साहित्य अकादमी द्वारा सम्मानित।